# Parallelo
## Mathematik

**5** Basisaufgaben
Nordrhein-Westfalen

**Herausgegeben von**
Hamza Dehne

**Erarbeitet von**
Susanne Batzer
Bernd Bolduan
Martin Cichon
Siegfried Heinemann
Daniel Jacob
Diana Jafari von Ploetz
Juliane von Jagow
Jeannine Kreuz
Vera Kuckuck
Markus Ledebur
Katharina Perbandt
Heike Sankowsky
Martin Wachter
Winfred Weis
Christina Wolf
Rainer Zillgens
Marta Zöllner

**Beraten von**
Christina Kapitza
Christa Meyer
Anja Pies-Hötzinger
Ronald Sturm

**5 Basisaufgaben**
Nordrhein-Westfalen

Redaktion: Sabrina Bühl, Filiz Carmen Böckel-Büyükcaglar, Marcus Rademacher, Alina Maas
Illustration: Raimo Bergt
Grafik: Christian Böhning
Umschlaggestaltung und Layoutkonzept: Studio SYBERG, Berlin
Layout und technische Umsetzung: Jürgen Brinckmann, MeGA14, Berlin

| Begleitmaterial zum Lehrwerk | |
|---|---|
| Arbeitsheft | 978-3-06-015824-9 |
| Lösungen zum Schülerbuch | 978-3-06-004987-5 |
| Handreichungen | 978-3-06-004946-2 |
| Grundlagen | 978-3-06-004935-6 |
| Lehrerfassung | 978-3-06-004718-5 |
| Arbeitsblätter zur Sprachförderung | 978-3-464-54000-8 |
| E-Book Schülerbuch | 978-3-06-004980-6 |
| E-Book Lehrerfassung | 978-3-06-004769-7 |
| Begleitmaterial auf USB-Stick mit Unterrichtsmanager und E-Book | 978-3-06-004006-3 |
| Diagnose & Fördern | 978-3-06-005078-9 |

www.cornelsen.de

1. Auflage, 1. Druck 2020

Alle Drucke dieser Auflage sind inhaltlich unverändert und können im Unterricht nebeneinander verwendet werden.

© 2020 Cornelsen Verlag GmbH, Berlin

Das Werk und seine Teile sind urheberrechtlich geschützt. Jede Nutzung in anderen als den gesetzlich zugelassenen Fällen bedarf der vorherigen schriftlichen Einwilligung des Verlages. Hinweis zu §§ 60a, 60b UrhG: Weder das Werk noch seine Teile dürfen ohne eine solche Einwilligung an Schulen oder in Unterrichts- und Lehrmedien (§ 60b Abs. 3 UrhG) vervielfältigt, insbesondere kopiert oder eingescannt, verbreitet oder in ein Netzwerk eingestellt oder sonst öffentlich zugänglich gemacht oder wiedergegeben werden. Dies gilt auch für Intranets von Schulen.

Druck: Firmengruppe APPL, aprinta Druck, Wemding

ISBN 978-3-06-005006-2

PEFC zertifiziert
Dieses Produkt stammt aus nachhaltig bewirtschafteten Wäldern und kontrollierten Quellen.
www.pefc.de

INHALT

## Natürliche Zahlen

| | |
|---|---|
| Natürliche Zahlen vergleichen und ordnen | 9 |
| Natürliche Zahlen im Dezimalsystem | 12 |
| Zahlen runden | 15 |
|     **Strategie** Schlüsselwörter beim Runden | 16 |
| Zahlen schätzen | 18 |
| **Strategie** Fermi-Aufgaben | 19 |

## Addition und Subtraktion

| | |
|---|---|
| Kopfrechnen mit Strategien | 31 |
| Vertauschungsgesetz | 33 |
| Klammern und Verbindungsgesetz | 35 |
| Schriftlich addieren | 37 |
|     **Methode** Überschlag als Probe | 37 |
|     **Methode** Mehrere Zahlen addieren | 38 |
| Schriftlich subtrahieren | 41 |
|     **Methode** Umkehraufgaben als Probe | 41 |
|     **Methode** Mehrere Zahlen subtrahieren | 43 |

## Grundbegriffe der Geometrie

| | |
|---|---|
| Strecke, Strahl, Gerade | 55 |
| Senkrecht und parallel | 57 |
| **Methode** Mit dem Geodreieck arbeiten: | |
|     Parallele und senkrechte Geraden | 58 |
| Abstand | 62 |
| Koordinatensystem | 64 |
| Achsensymmetrie | 67 |
| **+ Thema** Punktsymmetrie | 69 |

▪ Medienkompetenz      + zusätzlicher Inhalt

INHALT

## Multiplikation und Division

Kopfrechnen mit Strategien — 81
Vorrangregeln — 83
Rechengesetze und Rechenvorteile — 86
Schriftlich multiplizieren — 89
    **Methode** Überschlag als Probe — 89
Schriftlich dividieren — 92
    **Methode** Umkehraufgabe als Probe — 92
    **Methode** Division mit Rest — 94
**Strategie** Ergebnisse prüfen — 95

## Größen im Alltag

Geld — 107
    **Methode** Geld addieren und subtrahieren — 107
**Strategie** Sachaufgaben lösen — 108
Länge — 111
    **Methode** Längen addieren und subtrahieren — 112
**Strategie** Schätzen mit Vergleichsgrößen — 113
Gewicht — 115
    **Methode** Mit Gewichten rechnen — 116
Zeit — 118
**+ Thema** Maßstab — 120

## Flächen

Rechteck und Quadrat — 135
Parallelogramm, Raute, Trapez und Drachen — 137
Umfang — 140
Flächeninhalte vergleichen — 143
Flächeneinheiten — 145
Flächeninhalt von Rechteck und Quadrat — 147
**Strategie** Aussagen begründen — 148
**+ Methode** Zusammengesetzte Figuren — 150

## INHALT

## Brüche

| | |
|---|---|
| Brüche als Teile vom Ganzen | 165 |
| Brüche zusammenfassen | 167 |
|     Info  Ein Ganzes | 168 |
|     Info  Gemischte Zahlen | 168 |
| Anteile von Größen | 170 |

## Daten

| | |
|---|---|
| Daten in Listen | 183 |
| Diagramme lesen | 185 |
| Diagramme zeichnen | 188 |
|     Methode  Diagramme mit dem Computer zeichnen | 189 |
| Daten vergleichen | 191 |

Die Lösungen können unter  https://www.cornelsen.de/codes/code/sudero  abgerufen werden.

# Natürliche Zahlen

In diesem Kapitel lernst du, …

→ Zahlen der Größe nach zu ordnen und dabei den Zahlenstrahl zu nutzen.
→ große Zahlen zu lesen, aufzuschreiben und dabei die Stellenwerttafel zu nutzen.
→ Zahlen zu runden.
→ große Anzahlen zu schätzen.

Auf der Welt werden jedes Jahr ungefähr 600 Milliarden Äpfel geerntet.
Die Hälfte davon kommt aus China.
In Deutschland erntet man pro Jahr etwa 7 Milliarden Äpfel.

Es gibt über 1000 verschiedene Apfelsorten.

In Deutschland isst jeder durchschnittlich 110 Äpfel im Jahr.
Wie viele Äpfel isst du ungefähr im Jahr?

**NATÜRLICHE ZAHLEN** — NATÜRLICHE ZAHLEN VERGLEICHEN UND ORDNEN

**ANWENDEN**

**1** Auf welche Zahlen zeigen die Pfeile?

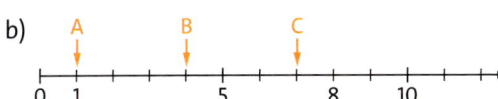

**Tipp** Die Zahlen unter dem Zahlenstrahl teilen den Zahlenstrahl gleichmäßig ein.
a) Lies die Zahlen ab.
b) Ergänze die Beschriftung und lies ab.

**2** Beschreibe die Einteilung des Zahlenstrahls.
Auf welche Zahlen zeigen die Pfeile?

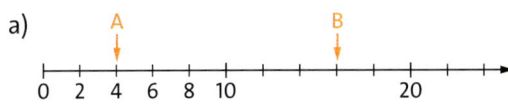
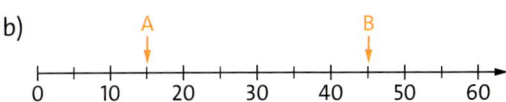

**Tipp**
① Der Zahlenstrahl zählt in ■er-Schritten.
② Die gesuchte Zahl steht zwischen ■ und ■.
③ Zähle weiter: Genau ■ Schritte danach.
   Also ist die gesuchte Zahl ■.

**3** Für welche Zahlen stehen die Buchstaben?

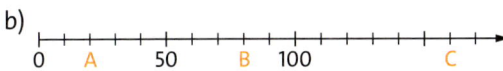

**Tipp** Zähle von den Zahlen rückwärts und vorwärts.

**4** Übertrage den Zahlenstrahl ins Heft.
Ergänze die Beschriftung.

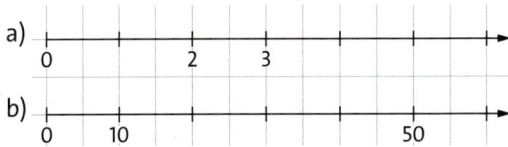

**Tipp** Überlege zuerst:
In welchen Schritten zählt der Zahlenstrahl?

**5** Übertrage den Zahlenstrahl ins Heft.
Trage die Zahlen ein.
a) 1 und 4
b) 10 und 40

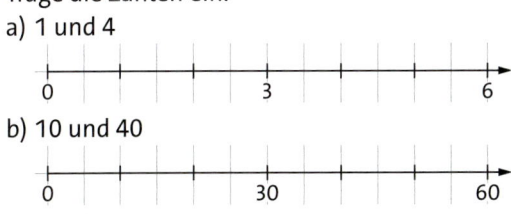

**Tipp** Achte auf die Kästchen.

**6** Einen Zahlenstrahl zeichnen.
① Zeichne einen 10 cm langen Strich.
   Beschrifte ihn: am Anfang 0, am Ende 10.
② Trage die Zahlen ein:
   2; 6; 10; 5; 8; 9

**Tipp** in gleichen Schritten einteilen:

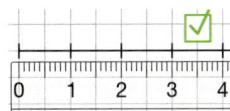

## NATÜRLICHE ZAHLEN — NATÜRLICHE ZAHLEN VERGLEICHEN UND ORDNEN

**Hinweis**
Das Krokodil frisst immer die größere Zahl.

**7** Kleiner als < oder größer als >?
Setze im Heft das richtige Zeichen ein.
**Tipp** zu a)

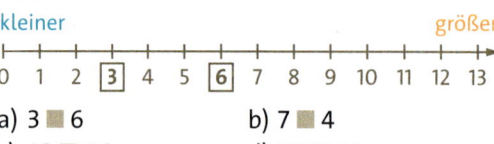

a) 3 ■ 6  b) 7 ■ 4
c) 13 ■ 16  d) 27 ■ 14

**Tipp**
zu b) Nutze den Zahlenstrahl zu a).
zu c)

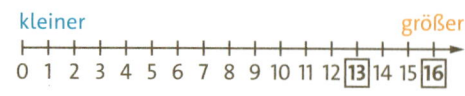

zu d) Zeichne einen Zahlenstrahl bis 30.

**8** Die Handball-AG:

Ordne die Kinder nach ihrer Größe.
Beginne mit dem kleinsten Kind.

**Tipp** Schreibe die Angaben auf Kärtchen und schneide sie aus.
Ordne sie dann.

**9** Ordne die Zahlen der Größe nach.
Beginne mit der kleinsten Zahl.
**Tipp** 12 < 21 < 31

21   24   12   241   42   121

**Tipp** Schreibe die Zahlen auf Kärtchen und schneide sie aus.
Ordne sie dann.

**10** Schreibe Vorgänger und Nachfolger auf.

| DAVOR | Zahl | DANACH |
|---|---|---|
|  | 8 |  |
|  | 36 |  |
|  | 81 |  |

**Tipp** Hier haben sich die Lösungen versteckt:

9   37   8   80   47
32   96   7   35   6
81   94   82   100   45

**11** Welche Zahlen kannst du einsetzen?
a) 3 > ■  b) ■ < 5
c) 3 < ■ < 7  d) 5 > ■ > 1

**Tipp** Lösungen:

0   5   6   9   2   4   1
0   1   2   3   4   4   3   2

**12** Wie viele Zahlen liegen zwischen 11 und 18?
Welche Rechnung passt dazu? Erkläre.

18 – 11   18 – 11 + 1   18 – 11 – 1   11 – 18

**Tipp**

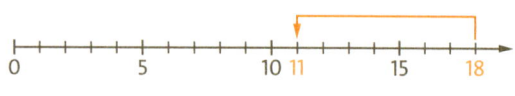

**13** Auf welche Zahlen zeigen die Pfeile ungefähr?
Ihr könnt die Zahlen nicht genau ablesen. Schätzt abwechselnd und begründet eure Antwort.

a)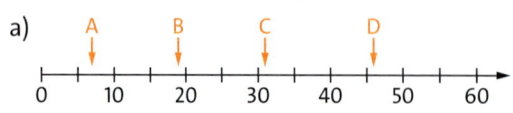

b)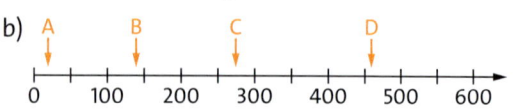

## NATÜRLICHE ZAHLEN — NATÜRLICHE ZAHLEN IM DEZIMALSYSTEM

**ANWENDEN**

**1** Diktiert euch die Zahlen aus der Stellenwerttafel. Schreibt sie als Zahl mit Ziffern ins Heft.

| | Millionen | | | Tausender | | | | | |
|---|---|---|---|---|---|---|---|---|---|
| | HM | ZM | M | HT | ZT | T | H | Z | E |
| a) | | | | | 9 | 6 | 5 | 2 | 3 |
| b) | | 6 | 7 | 4 | 3 | 2 | 1 | 8 | 9 |
| c) | 5 | 7 | 9 | 3 | 4 | 8 | 8 | 4 | 1 |
| d) | | | 7 | 0 | 5 | 3 | 8 | 0 | 2 |
| e) | 1 | 0 | 1 | 0 | 1 | 1 | 1 | 1 | 0 |

**2** Zerlege drei Zahlen aus Aufgabe 1 in ihre Stellenwerte.

**Tipp**

| ZT | T | H | Z | E |
|---|---|---|---|---|
| 9 | 6 | 5 | 2 | 3 |

= 9ZT + 6T + 5H + 2Z + 3E

**Tipp** Achte auf die Abkürzungen in der Stellenwerttafel.

**3** Ergänze im Heft.

| | M | HT | ZT | T | H | Z | E |
|---|---|---|---|---|---|---|---|
| a) 789 986 | | | | | | | |
| b) 379 204 | | | | | | | |
| c) 1 203 861 | | | | | | | |
| d) 39 084 | | | | | | | |
| e) 6 300 | | | | | | | |
| f) 100 721 | | | | | | | |

**Tipp** von rechts nach links:
Beginne hinten mit den Einern (E),
dann die Zehner (Z),
dann …

**4** Schreibe diese Zahlen …
a) in einer Stellenwerttafel
b) mit Ziffern in Dreier-Blöcken

① 2T  6H  9Z  3E

② 7ZT  2T  8H  5Z  4Z

③ 8ZT  2T  8H  5Z

**Tipp**
zu a) Zeichne eine Stellenwerttafel bis ZT.
zu b) Manchmal musst du eine Null einsetzen.

**5** Zerlege die Zahlen in ihre Stellenwerte wie im Tipp.

**Tipp** 4 239 = 4T + 2H + 3Z + 9E
= 4 000 + 200 + 30 + 9

a) 3 795
b) 83 754
c) 45 702
d) 89 397
e) 90 201
f) 258 001
g) 704 400

**Tipp** Stellenwerttafel

| | HT | ZT | T | H | Z | E |
|---|---|---|---|---|---|---|
| a) | | | 3 | 7 | 9 | 5 |
| b) | | 8 | 3 | 7 | 5 | 4 |
| c) | | 4 | 5 | 7 | 0 | 2 |

## NATÜRLICHE ZAHLEN — NATÜRLICHE ZAHLEN IM DEZIMALSYSTEM

**6** Ordne zu.
**Tipp** Achte auf die Nullen.
a) zweitausendzehn
b) zweihunderteins
c) zweihunderttausendzehn
d) zweihunderteintausend

① 200 010
② 201 000
③ 201
④ 2010

**Tipp** Stellenwerttafel

| M | HT | ZT | T | H | Z | E |
|---|----|----|---|---|---|---|
|   | \multicolumn{3}{c}{Tausender} |   |   |   |

**7** Wie viele Nullen hat die Zahl?
**Tipp** Trage in eine Stellenwerttafel ein.
a) eintausend
b) eine Million
c) einhunderttausend
d) vierzigtausend

**Tipp** Zähle die Nullen.

*Hinweis*
Zahlen kleiner als eine Million schreibt man klein und zusammen. Zahlen größer als eine Million schreibt man getrennt.

**8** Schreibe in Worten.
**Tipp** 2 600 213
zwei Millionen sechshunderttausend-zweihundertdreizehn
a) 690 541
b) 7 357 893
c) 407 360
d) 8 611 207

**Tipp**

| M | HT | ZT | T | H | Z | E |
|---|----|----|---|---|---|---|
| 2 | 6  | 0  | 0 | 2 | 1 | 3 |

zwei Millionen
sechs|hundert|tausend|zwei|hundert|drei|zehn

**9** Verbinde zwei oder mehr Kärtchen im Heft. Bilde damit die gesuchte Zahl. Schreibe als Wort und mit Ziffern.
a) die kleinste Zahl
b) die größte Zahl
c) Zahl größer als 1 Million
d) Zahl mit zwei gleichen Ziffern
e) Zahl kleiner als eintausend
f) Wo gibt es mehrere Möglichkeiten?

zweihunderttausend · vier Millionen · siebenundvierzig · elf · neun · sechs Millionen · dreihundertzwanzigtausend · siebenhundert · achtunddreißig · tausend · fünfzehn · fünfhundert

**10** Wie viele Besucher hatte die Webseite? Schreibe in Worten.

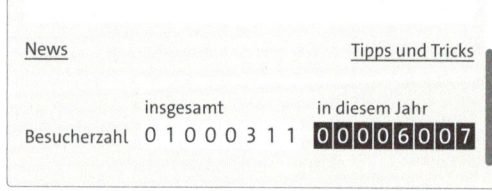

**Tipp** Schreibe die beiden Zahlen in eine Stellenwerttafel.

**11** Bilde mit den Kärtchen die gesuchte Zahl. Jedes Kärtchen darf nur einmal verwendet werden.

7 · 4 · 3 · 5 · 1 · 2

a) eine möglichst große Zahl
b) die kleinste Zahl mit allen Kärtchen
c) die größte dreistellige Zahl
d) die kleinste vierstellige Zahl

**Tipp**
Schreibe die Ziffern auf Kärtchen.
Schneide sie aus.
Lege die Kärtchen in eine Stellenwerttafel.

## NATÜRLICHE ZAHLEN — ZAHLEN RUNDEN

**ANWENDEN**

**1** Male die Rundungsstelle grün.
a) auf **Zehner**: 12; 36; 167
b) auf **Hunderter**: 5346; 227; 5678
c) auf **Tausender**: 12736; 8103; 16475

**Tipp** Schreibe die Zahlen in eine Stellenwerttafel:

| T | H | Z | E |
|---|---|---|---|
|   |   |   |   |

*Hinweis*
*Rundungsstelle*

4312

*Ziffer rechts*

**2** Runde auf Zehner.
**Tipp** ① Rundungsstelle anschauen
② Ziffer rechts: bei 0; 1; 2; 3; 4 abrunden
bei 5; 6; 7; 8; 9 abrunden
a) 23    b) 69
c) 247   d) 1673

**Tipp** Aufrunden oder abrunden?
a) 23    b) 69
c) 247   d) 673

**3** Runde auf Hunderter.
a) 342     b) 789
c) 4732    d) 6620
e) 88291   f) 92481

**Tipp** 3-mal musst du abrunden und 3-mal musst du aufrunden

**4** Runde auf Tausender.
a) 4167    b) 8653
c) 6279    d) 2805
e) 32310   f) 57543

**Tipp**
3-mal abrunden und 3-mal aufrunden

**5** Runde die Preise auf ganze Euro.
**Tipp** 1 € 75 ct ≈ 2 €

**Tipp** Die Ziffer nach dem € entscheidet, ob du aufrunden oder abrunden musst.

**6** Auf welche Stelle wurde gerundet?
a) 37 ≈ 40         b) 5687 ≈ 5700
c) 149 ≈ 100       d) 8422 ≈ 8420
Lösungen: Zehner, Zehner, Hunderter, Hunderter

**Tipp** Die Nullen bei den gerundeten Zahlen geben dir einen Hinweis.

**7** Ist alles richtig? a) Erklärt, was hier passiert ist.

b)

**8** Vorsicht beim Runden.
a) 99 auf Zehner       b) 105 auf Zehner
c) 1077 auf Hunderter  d) 999 auf Hunderter

**Tipp** Hier haben sich die Lösungen versteckt: 10000  10  100000  100
1100  110  1000

**NATÜRLICHE ZAHLEN** **ZAHLEN RUNDEN**

**9** Andreas soll auf Hunderter runden.
Finde die Fehler und berichtige sie.
a) 251 ≈ 250
b) 672 ≈ 600
c) 3492 ≈ 3502

**Tipp** auf Hunderter runden:
a) 251 ≈ ?
b) 672 ≈ ?
c) 3492 ≈ ?

**10** Ordne zu.
Es wurde auf Zehner gerundet.

| 72 | 88 |
| 129 | |
| 951 | 55 |
| 296 | |

| | 300 | |
| 70 | | 60 |
| | 90 | |
| 950 | | 130 |

**Tipp** auf Zehner runden:
72 ≈ ?

**11** Ergänze die Zahlen im Heft.
a) ▭ ≈ 20
b) ▭ ≈ 230
c) ▭ ≈ 5600
d) Vergleicht eure Ergebnisse.
Gibt es mehrere Lösungen? Begründet.

**Tipp**
Welche Zahl ergibt beim Runden 20?

→ Sachaufgaben lösen: S. 108

**Strategie** Schlüsselwörter beim Runden
Es gibt wichtige Wörter, an denen du erkennen kannst, ob eine Zahl gerundet ist, z. B. das Schlüsselwort ungefähr.

**12** Welche Angaben sind gerundet, welche nicht?
An welchen Wörtern hast du das erkannt?
**Tipp** Das erste wichtige Wort ist schon unterstrichen.

*Hinweis*
*Die Abkürzung ca. heißt circa.*

**Im Tierheim**
Das Tierheim hat gerade ungefähr 250 Hunde, die auf ein neues Zuhause warten.
Auch wohnen etwa 300 Katzen und rund 30 Hasen im Tierheim.
Insgesamt kümmern sich 5 Tierpfleger um alle Tiere.
Sie machen zum Beispiel die 10 Ställe der Hasen sauber und gehen täglich 3-mal mit den Hunden.
Jeden Tag kommen ca. 10 Besucher, die ein neues Tier suchen.
Aber fast die Hälfte der Tiere finden nie ein neues Zuhause.

**13** Runde die Höhen der Gebäude sinnvoll.
**Tipp** Überlege dir erst eine sinnvolle Rundungsstelle.

**Tipp** Wenn man die Zahlen auf Hunderter rundet, …
Wenn man die Zahlen auf Zehner rundet, …

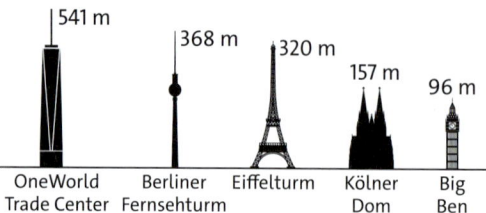

OneWorld Trade Center 541 m | Berliner Fernsehturm 368 m | Eiffelturm 320 m | Kölner Dom 157 m | Big Ben 96 m

## NATÜRLICHE ZAHLEN — ZAHLEN SCHÄTZEN

**ANWENDEN**

**1** Wie viele Nadeln sind das ungefähr?
Schätze mit der Rastermethode.

**Tipp**
① in gleich große Felder unterteilen ✓
② Wie viele Felder gibt es? ■ Felder
③ Wie viele Nadeln sind in dem orangenen Feld? ■ Nadeln
④ Berechne: ■ Felder · ■ Nadeln

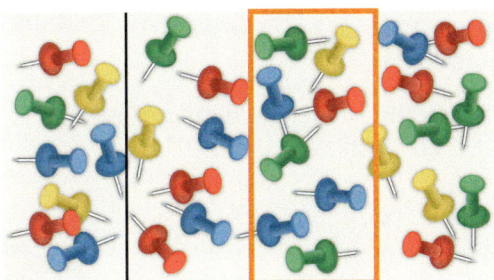

**2** Wie viele Vögel sind das ungefähr?
Begründe.

**Tipp**
① in gleich große Felder unterteilen ✓
② ■ Felder
③ ■ Vögel in einem Feld
④ Berechne.

*Hinweis*
*Zeichne dein Raster auf Folie und lege es auf das Bild.*

**3** Maja hat das Bild in Felder eingeteilt.
Was sagst du dazu?
Schätze die Anzahl der Blumen.

**Tipp** Wurde alles richtig gemacht?
Was ist wichtig bei der Einteilung der Raster?

**4** Lukas hat das Bild in Felder eingeteilt.
Was sagst du dazu?
Wie teilst du das Bild ein? Beschreibe.

**Tipp**
Berechne die Anzahl der Buntstifte mit dem Raster von Lukas.
Zähle danach die Buntstifte.
Was fällt dir auf?

NATÜRLICHE ZAHLEN

# Strategie Fermi-Aufgaben

**Hinweis**
Solche Aufgaben sind nach dem Physiker Enrico Fermi (1901–1954) benannt, da er gerne solche Fragen stellte.

Einige Aufgaben oder Fragen kann man nicht sofort beantworten. Dann hilft es oft, die richtigen Fragen zu stellen.

**Beispiel 1** Wie viele Schulbücher haben alle Schüler der fünften Klassen an unserer Schule zusammen?

| Lösungsschritt | Beispiel |
|---|---|
| ① Fragen stellen | – Wie viele Schulbücher habe ich?<br>– Wie viele Schüler sind in meiner Klasse?<br>– Wie viele 5. Klassen gibt es? |
| ② Fragen beantworten | – Ich habe ein Schulbuch in Mathe, eins in Deutsch, eins in Englisch, eins in Bio und eins in Erdkunde. Also habe ich fünf Schulbücher.<br>– Wir sind 25 Schüler in der Klasse.<br>– Es gibt die Klassen 5a, 5b und 5c. Also gibt es 3 Klassen. |
| ③ Rechnung | 3 · 25 · 5 = 375 |
| ④ Ergebnis überprüfen | Kann das Ergebnis wirklich stimmen? Was könnte falsch sein? |
| ⑤ Antwortsatz schreiben | Alle Schüler der fünften Klassen haben zusammen ungefähr 375 Schulbücher. |

**ANWENDEN**

**1** Wie viele Mathe-Schulhefte schreibe ich in einem Schuljahr voll?
Welche Fragen passen nicht zur Fermi-Aufgabe? Begründe.
Ⓐ Habe ich auch in Englisch ein Schulheft?
Ⓑ Wie oft brauche ich ein neues Schulheft in Mathe?
Ⓒ Welche Farbe hat das Schulheft?
Ⓓ Wie lang ist das Schuljahr?

**Tipp** Überlege:
Welche Antworten helfen dir weiter?
Welche Antworten helfen dir nicht weiter?

**2** Wie viele Mathebücher gibt es an deiner Schule insgesamt?
Stelle Fragen, die dir weiterhelfen.

**Tipp** Schaue dir das Beispiel oben mit den Schulbüchern an.
Welche Fragen wurden bei ① gestellt?

**3**  Sucht euch eine Fermi-Aufgabe aus. Präsentiert eure Lösungen in der Klasse.
**Tipp** Denkt an die 5 Lösungsschritte.
a) Wie viele Schulhefte schreibe ich in einem Schuljahr voll?
b) Wie viele Stunden lade ich mein Handy im Jahr?
c) Wie viele Stunden schaue ich im Jahr Fernsehen?
d) Wie viele Äpfel hast du schon in deinem Leben gegessen?
e) Wie viele Blätter hat der Baum, der deiner Schule am nächsten liegt?
f) Wie viel Liter Wasser verbrauche ich pro Jahr zum Zähneputzen?

# Addition und Subtraktion

In diesem Kapitel lernst du, …

→ im Kopf schnell und sicher zu rechnen.
→ durch Rechengesetze geschickt zu rechnen.
→ Aufgaben mit Klammern zu berechnen.
→ schriftlich zu addieren.
→ schriftlich zu subtrahieren.

Maike ist ein Basketball-Fan.
Bei einem Heimspiel ihrer Mannschaft sind alle Tickets verkauft worden:
1452 Tickets in der Preiskategorie A,
3162 in der Preiskategorie B und
2848 in der Preiskategorie C.
4763 Zuschauer sind Fans der Heimmannschaft.
Wie viele Fans der Gastmannschaft sind in der Halle?

# ADDITION UND SUBTRAKTION — KOPFRECHNEN MIT STRATEGIEN

**ANWENDEN**

**1** Zeichne ins Heft. Trage die Rechnung ein.
**Tipp** Nutze die Strategien „In Schritten addieren und subtrahieren".

zu a)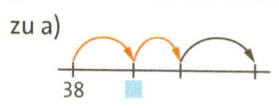

a) 38 + 17
b) 63 + 29

zu c)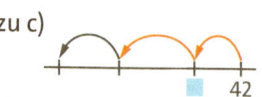

c) 42 − 15
d) 94 − 28

**Tipp**

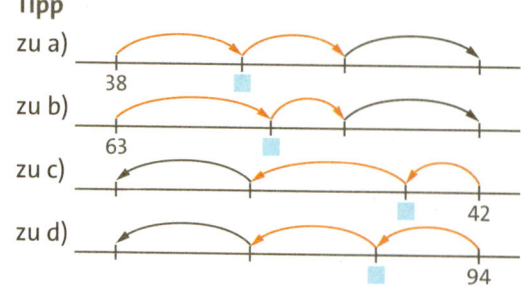

zu a)
zu b)
zu c)
zu d)

**2** Zeichne ins Heft. Trage die Rechnung ein.
**Tipp** Nutze die Strategien „Mehr addieren und mehr subtrahieren"

zu a)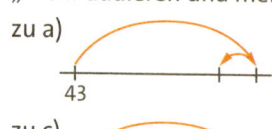

a) 43 + 99
b) 22 + 98

zu c)

c) 57 − 99
d) 64 − 29

**Tipp** zu d): Wenn du hier 100 subtrahierst, ist das zu viel. Welche Zahl kannst du auch einfach subtrahieren, die nah bei 29 liegt?

**3** Welche Aufgabe ist hier dargestellt? Welche Strategie wird genutzt? Würdest du die Aufgaben anders lösen? Erkläre.

a)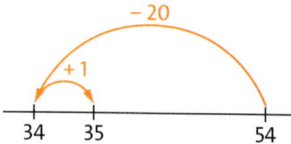

b)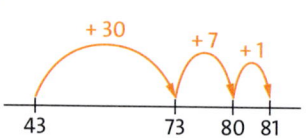

c)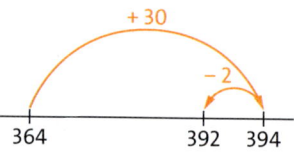

**4** Übertrage die Rechenmauer ins Heft. Addiere.

a)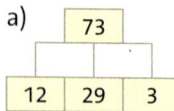

b)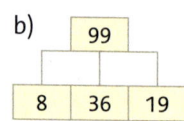

**Tipp** Beginne in der Reihe ganz unten. Schreibe das Ergebnis in den Stein darüber.

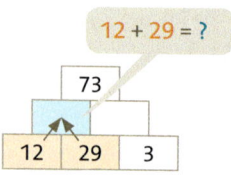

**5** Addiere halbschriftlich.

**Tipp**

a) 58 + 23
b) 34 + 57
c) 27 + 64
d) 64 + 48
e) 46 + 85

**Tipp**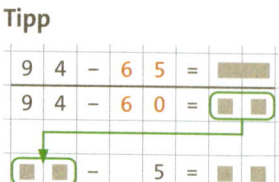

**6** Subtrahiere halbschriftlich.

**Tipp**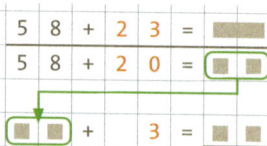

a) 94 − 65
b) 71 − 44
c) 82 − 53
d) 61 − 37
e) 76 − 48

**ADDITION UND SUBTRAKTION    VERTAUSCHUNGSGESETZ**

**ANWENDEN**

**1** Addition und Subtraktion
a) Ordnet die Begriffe. Was gehört zusammen?
b) Kennt ihr andere Begriffe, die noch dazugehören?

| addieren | abziehen | hinzufügen | plus rechnen | subtrahieren |

| wegnehmen | minus rechnen | zusammenzählen |

**2** Rechne.
Was stellst du fest?
a) 14 + 5   und   5 + 14
b) 17 − 3   und   3 − 17

**Tipp** Rechne beide Aufgaben von links nach rechts.

**3** Mehrere Zahlen addieren
① 3 + 9 + 7
② 3 + 7 + 9
a) Wo ist der Unterschied?
b) Berechne.
c) Welche Rechnung ist einfacher? Begründe.

**Tipp**
① 3 + 9 + 7         ② 3 + 7 + 9
 = ■ + 7              = ■ + 9
 = ■                   = ■

**4** Rechne vorteilhaft.
**Tipp** 14 + 7 + 6 = 14 + 6 + 7
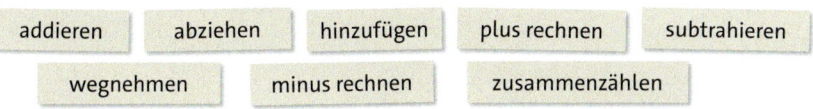
= 20 + 7 = 27
a) 28 + 6 + 2         b) 65 + 8 + 5
c) 51 + 15 + 9        d) 37 + 68 + 23

**Tipp** Welche Zahlen sind einfach zu addieren? Tausche die Zahlen, damit sie nebeneinander stehen.

**5** Rechne, wenn möglich, vorteilhaft.
**Tipp** Wo darf man Zahlen tauschen?
a) 16 + 8 + 54
b) 3 + 49 + 27
c) 47 − 22 − 7
d) 93 − 15 − 43

**Tipp** Bei welchen Rechnungen darf man die Reihenfolge der Zahlen vertauschen?
Bei der Addition?
Bei der Subtraktion?

**6** Schreibe eine Rechnung ins Heft und rechne vorteilhaft.
In einem Glas sind 18 rote Bonbons, 6 blaue und 2 gelbe.
Wie viele Bonbons sind insgesamt in dem Glas?

**Tipp**
18 rote Bonbons + 6 blaue + 2 gelbe = ?

**7** Wähle 4 Zahlen und addiere sie.
Welche Zahlen lassen sich gut addieren?

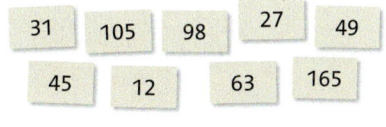

**Tipp** Achte auf die letzte Ziffer.

**8** Erfinde eigene Aufgaben mit Zahlen, bei denen man vorteilhaft rechnen kann.
Tauscht sie untereinander.

## ADDITION UND SUBTRAKTION — KLAMMERN UND VERBINDUNGSGESETZ

**ANWENDEN**

**1** Berechne.
**Tipp** Berechne zuerst die Klammern.
a) 15 − (8 − 3)    b) 4 + (8 − 2)
c) (3 + 7) + 7     d) 3 + (7 + 7)
e) 12 − (6 + 4)    f) (12 − 6) + 4

Lösungen: 10  17  2  10  17  10

**Tipp** Schreibe so:
15 − (8 − 3)
= 15 − ■
= …

**2** Welche Aufgabe gehört zum Rechenbaum?
Erkläre und berechne.
**Tipp** Achte auf die Klammern.

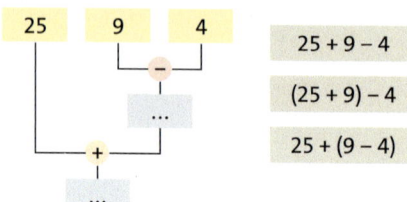

25 + 9 − 4
(25 + 9) − 4
25 + (9 − 4)

**Tipp** Was rechnest du beim Rechenbaum zuerst?
Das muss dann in Klammern stehen.

**3** Berechne und vergleiche.
Welche Rechnung ist einfacher?
👥 Vergleicht eure Antworten.
a) (2 + 8) + 3    und   2 + (8 + 3)
b) 16 + (4 + 7)   und   (16 + 4) + 7
c) (35 + 5) + 4   und   35 + (5 + 4)

**Tipp** Berechne zuerst die Klammern.

**4** Setze Klammern, sodass du einfach rechnen kannst. Berechne dann.
a) 7 + 3 + 3     b) 9 + 1 + 7
c) 1 + 5 + 5     d) 3 + 8 + 2
e) 11 + 9 + 4    f) 25 + 7 + 3

**Tipp** Schreibe so:
  6 + 4  + 5
= (6 + 4) + 5
=  10  + 5
=  15

**5** Man kann Zahlen zerlegen, um Aufgaben einfacher zu lösen.
Rechne wie im Tipp.
**Tipp**
  5 +   6
= 5 + (5 + 1)
= (5 + 5) + 1
=  10 + 1 = 11

a) 5 + 8
b) 9 + 7
c) 18 + 6
d) 76 + 5
e) 39 + 12

**Tipp** Diese Zahlen sind einfach zu berechnen:
1 + 9   2 + 8   3 + 7   4 + 6   5 + 5
6 + 4   7 + 3   8 + 2   9 + 1

**6** Bei welchen Aufgaben ist das Ergebnis gleich?
Stelle erst eine Vermutung auf.
Berechne dann.
a) (6 + 2) + 3    und   6 + (2 + 3)
b) (9 − 7) − 1    und   9 − (7 − 1)
c) 10 − (5 + 5)   und   (10 − 5) + 5
d) 12 + (7 + 2)   und   (12 + 7) − 2

**Tipp** Wann kannst du Klammern setzen, ohne dass sich das Ergebnis ändert?
Bei der Addition?
Bei der Subtraktion?

ADDITION UND SUBTRAKTION    SCHRIFTLICH ADDIEREN

**ANWENDEN**

**1** Übertrage ins Heft und addiere.

a)
| H | Z | E |
|---|---|---|
|   | 8 | 2 | 4 |
| + |   | 5 | 3 |

b)
| H | Z | E |
|---|---|---|
|   | 6 | 1 | 7 |
| + |   | 8 | 2 |

**Tipp** von rechts nach links: ←
Erst die Einer,
dann die Zehner,
dann die Hunderter.

**2** Übertrage ins Heft und addiere.
**Tipp** Achte auf den Übertrag.

a)
| H | Z | E |
|---|---|---|
|   | 6 | 4 | 8 |
| + |   | 3 | 4 |

b)
| H | Z | E |
|---|---|---|
|   | 4 | 5 | 2 |
| + |   | 9 | 5 |

**Tipp** zu a)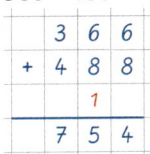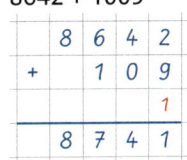

**3** 👥 Hier haben sich Fehler versteckt. Erklärt die Fehler und berichtigt sie.

a) 274 + 48
```
    2 7 4
+     4 8
      1
    7 5 4
```

b) 366 + 488
```
    3 6 6
+   4 8 8
      1
    7 5 4
```

c) 8642 + 1009
```
  8 6 4 2
+   1 0 9
        1
  8 7 4 1
```

d) 5258 + 1782
```
  5 2 5 8
+ 1 7 8 2
      1 1
  6 10 4
```

**4** Schreibe stellengerecht untereinander und addiere schriftlich.
Prüfe dein Ergebnis, indem du die Zahlen tauschst und addierst.

**Tipp** zu a)
```
     15        168
  + 168      + 15
```

a) 15 + 168
b) 276 + 82
c) 61 + 374
d) 138 + 746

**Tipp** Schreibe untereinander:
Einer unter Einer,
Zehner unter Zehner,
Hunderter unter Hunderter

---

**Methode Überschlag als Probe**
Mit dem Überschlag kann man abschätzen, ob ein Ergebnis stimmt.
Man rechnet mit gerundeten Zahlen.
         62 + 317 = 967
       ≈ 60 + 320 = 380
Das Ergebnis 967 kann nicht stimmen.

**5** Hat Leon alles richtig gemacht?
Prüfe mit einem Überschlag.
a) 53 + 429 = 959
b) 285 + 117 = 402
c) 804 + 16 = 964
d) 654 + 280 = 834
e) 383 + 125 = 508

**6** Welches Ergebnis stimmt?
Prüfe mit einem Überschlag.

a) 521 + 139    660   650
b) 64 + 413     1057  477
c) 127 + 182    309   209

**Tipp** Rechne mit gerundeten Zahlen:
a)   521 + 139
   ≈ ▨ + ▨ = ...

Bei 0; 1; 2; 3; 4 abrunden,
bei 5; 6; 7; 8; 9 aufrunden.

**7** Wie viel muss Klara ungefähr bezahlen? Überschlage den Gesamtpreis.

**Tipp** 16 € + 22 €
≈ ■ € + ■ € = ■ €

Der Rock kostet ungefähr ■ € und die Hose ungefähr ■ €.

**8** Addiere schriftlich. Mache dann eine Probe.
**Tipp** Hier entstehen zwei Überträge.

```
    3 6 4
  +   5 7
    1 1
    4 2 1
```

**Tipp** Suche dir eine Probe aus: Rechne einen Überschlag oder rechne mit vertauschten Zahlen.

a) 631 + 372    b) 493 + 258
c) 711 + 299    d) 629 + 391

**9** Addiere schriftlich.
Am Samstag besuchten 412 Personen eine Kunstausstellung.
Am Sonntag waren es 593 Personen.
Wie viele Besucher waren es insgesamt?

**Tipp**
Samstag:    412 Personen
Sonntag:    593 Personen
zusammen:    ?

**10** Addiere schriftlich.
**Tipp** Achte auf die Nullen.
a) 502 + 380    b) 709 + 240
c) 186 + 314    d) 608 + 392
e) 171 + 529    f) 363 + 437

**Tipp** Schreibe auch die Nullen stellengerecht untereinander.

```
    5 0 2
  + 3 8 0
```

**11** Wie rechnet Lars? Erkläre.
Was meint Amani damit?
Ergänzt Amanis Rechnung im Heft.

35 + 120 + 84 = ?
Lars rechnet so:
35 + 120 = 155
155 + 84 = 239

Das rechne ich schneller.

Amani rechnet so:
```
      3 5
  + 1 2 0
  +   8 4
```

**Methode** Mehrere Zahlen addieren
Rechne genauso wie bei zwei Zahlen:
① stellengerecht untereinander schreiben
② bei den Einern beginnen
③ auf Überträge achten

**12** Schreibe stellengerecht untereinander und addiere schriftlich.
a) 753 + 204 + 42
b) 516 + 53 + 470
c) 1583 + 6072 + 197
d) 754 + 2981 + 3402 + 2093

ADDITION UND SUBTRAKTION — SCHRIFTLICH ADDIEREN

**13** 275  235  185  215
230  335  125  160

**Tipp** Überschlage erst die Ergebnisse.

a) Suche 2 Zahlen, die zusammen das Ergebnis 400 ergeben.
b) Suche 3 Zahlen, die zusammen das Ergebnis 650 ergeben.
c) Vergleicht eure Ergebnisse. Gibt es mehrere Möglichkeiten?

**14** Addition mit Lücken
Übertrage und ergänze im Heft.

a)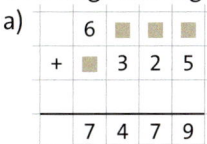

b)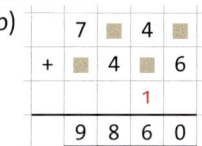

**Tipp** zu a)

```
    6 □ □ □
  + □ 3 2 5
  ─────────
    7 4 7 9
```

Was muss ich zu 5 addieren, damit 9 herauskommt?

→ Sachaufgaben lösen: S. 108

**Strategie** bei Textaufgaben
Schreibe die Angaben aus dem Text.
– Was ist **gegeben**?
– Was ist **gesucht**?
Eine **Zeichnung** kann manchmal helfen.
Schreibe die **Rechnung** auf.
Denke an einen **Antwortsatz**.

**15** Löse die Sachaufgabe.
**Tipp** gegeben: …   gesucht: …
Rechnung: …   Antwortsatz: …
Tom macht am Wochenende eine Radtour.
Am ersten Tag fährt er 46 km und am zweiten Tag 37 km.
Wie viele km ist er insgesamt gefahren?

**16** Tatjana geht am Wochenende wandern.
**Tipp** Schreibe ins Heft.
gegeben: …   gesucht: …
Rechnung: …   Antwortsatz: …
Am Freitag wandert sie 6 km,
am Samstag 19 km und
am Sonntag 17 km.
Wie viele km ist sie insgesamt gewandert?

**Tipp** Was ist wichtig?
Schreibe wichtige Angaben ins Heft.

**17** Britta möchte einen Hasen haben.
Sie hat 120 € gespart.
Wo soll Britta einkaufen gehen?
Begründe deine Antwort.

**Tipp**
Wie viel kostet das zusammen bei Zoohandlung Müller?
Wie viel bei Zoohandlung Wolf?

| Zoohandlung Müller | |
|---|---|
| Käfig | 99 € |
| Futternapf | 2 € |
| Tränke | 6 € |
| Hase | 16 € |

| Zoohandlung Wolf | |
|---|---|
| Käfig | 79 € |
| Futternapf | 8 € |
| Tränke | 12 € |
| Hase | 12 € |

## ANWENDEN

**1** Übertrage ins Heft und subtrahiere.

a)
| H | Z | E |
|---|---|---|
| 4 | 5 | 6 |
| − 1 | 2 | 4 |

b)
| H | Z | E |
|---|---|---|
| 7 | 8 | 9 |
| − 4 | 5 | 6 |

**Tipp** von rechts nach links.
Erst die Einer,
dann die Zehner,
dann die Hunderter.
Ergänze von unten nach oben:
4E bis 6E → 2E

**2** Übertrage ins Heft und subtrahiere.
**Tipp** Achte auf den Übertrag.

a)
| H | Z | E |
|---|---|---|
| 8 | 4 | 1 |
| − 6 | 2 | 9 |

b)
| H | Z | E |
|---|---|---|
| 7 | 2 | 3 |
| − | 8 | 1 |

**Tipp** zu a)
| H | Z | E |
|---|---|---|
| 8 | 4 | 1 |
| − 6 | 2 | 9 |
|   | 1 |   |
|   |   | 2 |

9E bis 1E geht nicht.
Aber 9E bis 11E geht.
Das sind 2E.
Dann muss ich 1Z
übertragen.

**3** 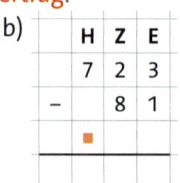 Hier haben sich Fehler versteckt. Erklärt die Fehler und berichtigt sie.

a) 583 − 44
```
  5 8 3
−   4 4
  1 4 3
```

b) 975 − 358
```
  9 7 5
− 3 5 8
  6 2 7
```

c) 692 − 178
```
  6 9 2
− 1 7 8
  5 2 6
```

d) 841 − 642
```
  8 4 1
− 6 4 2
      1
  2 0 9
```

**4** Schreibe stellengerecht untereinander.
Subtrahiere schriftlich.
a) 253 − 142    b) 75 − 61
c) 167 − 31     d) 2548 − 427
Lösungen:  136   2436   286
           111   14     2121

**Tipp**
| H | Z | E |
|---|---|---|
| 2 | 5 | 3 |
| − 1 | 4 | 2 |

Einer unter Einer,
Zehner unter
Zehner, …

**5** Marc hat 119 € dabei.
a) Wie viel Geld bleibt etwa übrig?
   Überschlage.
   **Tipp** Beim Überschlag
   rechnest du mit
   gerundeten Zahlen.
b) Rechne dann genau.

**Tipp** Überschlag:
119 € sind ungefähr 120 €: 119 € ≈ 120 €
88 € sind ungefähr ■ €: 88 € ≈ ■ €

---

**Methode  Umkehraufgabe als Probe**
Addition und Subtraktion sind
Umkehrungen voneinander.
Mit der Umkehraufgabe kann man
Ergebnisse prüfen:

89 − 35 = 54 ist richtig,
weil 54 + 35 = 89 ist.

**6** Überprüfe die Ergebnisse.
**Tipp**  63 − 28 = 35 ist richtig,
weil  35 + 28 = 63 ist.
      46 − 17 = 39 ist falsch,
weil  39 + 17 = 56 und nicht 46 ist.

a) 67 − 24 = 43      b) 55 − 42 = 13
c) 74 − 53 = 20      d) 36 + 23 = 59
e) 14 + 61 = 75      f) 56 − 9 = 47

**ADDITION UND SUBTRAKTION — SCHRIFTLICH SUBTRAHIEREN**

**7** Subtrahiere schriftlich.
Prüfe dein Ergebnis mit der Umkehraufgabe.

**Tipp**
```
    345  →  111
  − 234   + 234
    111     345 ✓
```

a) 682 − 341
b) 239 − 127
c) 765 − 53
d) 374 − 21
e) 859 − 139
f) 467 − 456

**Tipp**
345 − 234 = 111
ist richtig, weil
111 + 234 = 345 ist.

```
        − 234
  345 ──────→ 111
        + 234
```

**8** Subtrahiere schriftlich.
Überprüfe dann mit einer Probe.
**Tipp** Es entstehen zwei Überträge.

zu a)
```
    8  2  1
  − 3  7  9
       ■  1
  ... ... 2
```

a) 821 − 379
b) 612 − 278
c) 435 − 159
d) 1185 − 826

**Tipp** Überprüfe mit einer Probe:
entweder durch einen Überschlag
oder durch die Umkehraufgabe.

**9** Vergleiche die Angebote.
Wie hoch ist der Preisunterschied?

79 €   92 €
185 €   143 €

**Tipp** Rechne
bei den Kopfhörern:  größere Zahl
                    − kleinere Zahl

bei den Sportschuhen:  größere Zahl
                      − kleinere Zahl

**10** Subtrahiere schriftlich.
**Tipp** Achte auf die Nullen.

a) 260 − 138
b) 790 − 527
c) 480 − 31
d) 890 − 732
e) 308 − 192
f) 504 − 62
g) 650 − 145
h) 830 − 26

**Tipp**
```
    2  6  0
  − 1  3  8
       1
          2
```
8E bis zu 0E geht nicht.
Aber 8E bis 10E sind 2E.

**11** Wie viele Tage im Jahr gehen Maxim und Larissa zur Schule?
Das Jahr hat 365 Tage.
104 Tage davon sind Wochenenden. 75 Wochentage sind schulfrei.

Maxim rechnet so:

① 
```
    3  6  5
  − 1  0  4
    2  6  1
```

② 
```
    2  6  1
  −    7  5
       1  1
    1  8  6
```

Larissa rechnet so:

① 
```
    1  0  4
  +    7  5
    1  7  9
```

② 
```
    3  6  5
  − 1  7  9
          1
    1  8  6
```

a) Erkläre die Rechnung von Maxim und Larissa.
Warum addiert Larissa?
b) Mehmet sagt: „Ihr habt beide zwei Rechnungen gemacht. Ich rechne das in einem Schritt."
Was meint er damit?

## Methode  Mehrere Zahlen subtrahieren

|   | 9 | 8 |
|---|---|---|
| − | 3 | 4 |
| − | 2 | 3 |
|   | 4 | 1 |

Addiere die unteren Zahlen:
3E + 4E = 7E
Ergänze dann bis zur obersten Zahl: 7E bis 8E → 1E
2Z + 3Z = …

**12** Übertrage ins Heft und subtrahiere.

a)
|   | 8 | 6 |
|---|---|---|
| − | 4 | 2 |
| − | 3 | 2 |

b)
|   | 9 | 1 |
|---|---|---|
| − | 4 | 5 |
| − | 1 | 4 |

c)
|   | 3 | 7 | 9 |
|---|---|---|---|
| − |   | 1 | 3 | 4 |
| − |   | 1 | 2 | 4 |

**13** Subtrahiere schriftlich.
a) 96 − 21 − 33
b) 85 − 43 − 31
c) 869 − 415 − 232
d) 692 − 354 − 235

Lösungen: 222   11   103   42

**Tipp**
① Schreibe alle drei Zahlen stellengerecht untereinander.
② Addiere die unteren Zahlen. Ergänze dann bis zur obersten Zahl.

**14** Familie Müller plant eine Radtour für drei Tage. Insgesamt sind es 86 km. Am Freitag fahren sie 21 km, am Samstag 38 km. Wie viele Kilometer müssen sie dann am Sonntag fahren?

**Tipp**
  Gesamtstrecke
− Freitag
− Samstag

**15** Welche Zahl trägt das letzte Dromedar? Beschreibe dein Vorgehen.
a) Subtrahiere immer 99.
b) Subtrahiere immer 98.
c) Subtrahiere immer 97.
d) Kannst du auch immer 115 subtrahieren?

**16** Subtraktion mit Lücken
Übertrage und ergänze im Heft.
Erkläre deine Rechnung.

a)
|   | 9 | 8 |
|---|---|---|
| − | ■ | 2 |
|   | 1 | ■ |

b)
|   | 7 | 4 |
|---|---|---|
| − |   | 3 | ■ |
|   |   | ■ | 3 |

c)
|   | ■ | ■ |
|---|---|---|
| − |   | 3 | 1 |
|   |   | 3 | 7 |

**Tipp** zu a)
Einer:  Von 2E bis 8E sind ■ E.
Zehner: Von ■ Z bis 9Z sind 1Z.

**17** Die drei höchsten Brücken in Deutschland:

| Brücke | Höhe |
|---|---|
| Moseltalbrücke | 136 m |
| Hochmoselbrücke | 158 m |
| Kochertalbrücke | 186 m |

a) Welche Brücke ist die höchste?
b) Wie viele Meter ist die höchste Brücke höher als die anderen?

**Tipp**
zu b) Subtrahiere zweimal:
  höchste Brücke              höchste Brücke
− die eine Brücke           − die andere Brücke

# Grundbegriffe der Geometrie

In diesem Kapitel lernst du, ...

→ Strecke, Strahl und Geraden zu unterscheiden.
→ senkrechte und parallele Geraden zu erkennen und zu zeichnen.
→ Abstände zu messen.
→ mit dem Koordinatensystem zu arbeiten.
→ achsensymmetrische Figuren zu erkennen und zu zeichnen.

In vielen Städten findest du Fachwerkhäuser.

Die Holzbalken stützen die Hauswände und bilden dabei verschiedene Muster.

Wie stehen die Holzbalken aufeinander? Kannst du dir vorstellen, warum einige Muster so häufig vorkommen? Welche Muster sind das?

## GRUNDBEGRIFFE DER GEOMETRIE — STRECKE, STRAHL, GERADE

**ANWENDEN**

**1** Welche Linien sind Strecken, welche Strahlen und welche Geraden? Begründe.

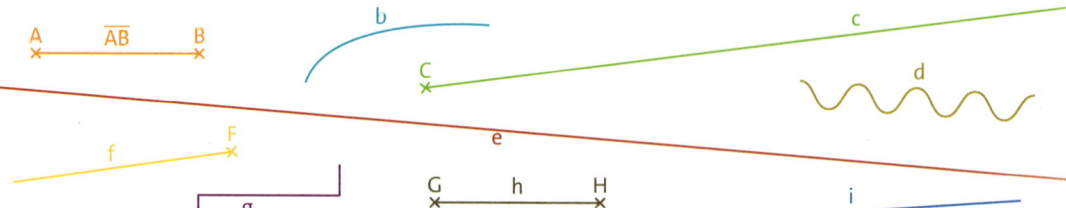

**Hinweis**
Strecken kann man auch mit Kleinbuchstaben beschriften.

**2** Übertrage die Punkte und Strecken. Beschrifte die Strecken.

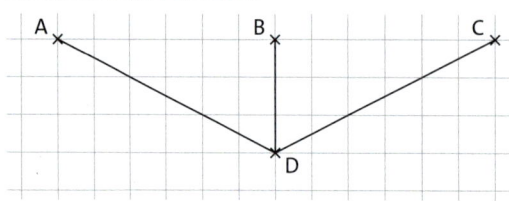

**Tipp**

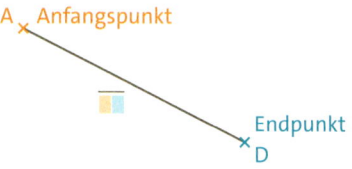

**3** Zeichne ins Heft und beschrifte.
a) Strecke $\overline{AB}$
b) Strahl h
c) Gerade g

**Tipp**
Strecke: Anfangspunkt A und Endpunkt B
Strahl: nur einen Anfangspunkt
Gerade: kein Anfang und kein Ende

**4** Schätze die Länge.
Miss dann die Strecke.

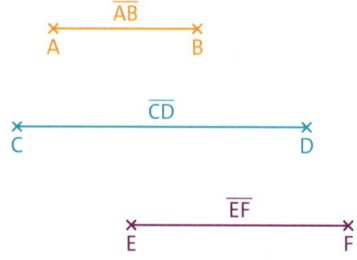

**Tipp** bei Null anlegen  ablesen

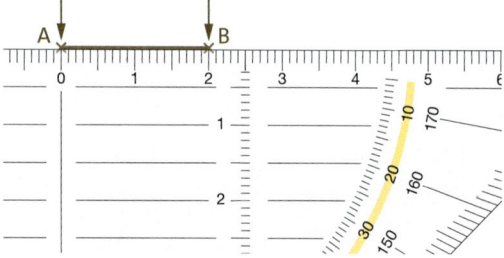

**5** Zeichne die Strecken ins Heft.
a) $\overline{AB}$ = 2 cm
b) $\overline{CD}$ = 4 cm
c) $\overline{EF}$ = 7 cm

**Tipp** bei Null beginnen

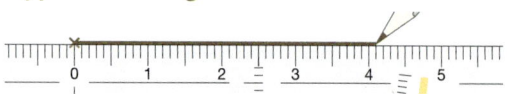

**6** Übertrage die Punkte und verbinde sie. Beschrifte die Strecken.

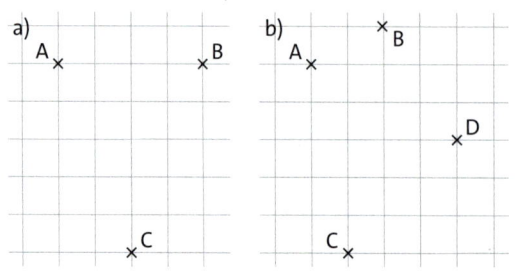

**Tipp**
Bei a) entstehen 3 Strecken.
Bei b) entstehen mehr als 4 Strecken.

**ANWENDEN**

**1** Welche Geraden sind parallel zueinander?
Tipp ■ ∥ ■

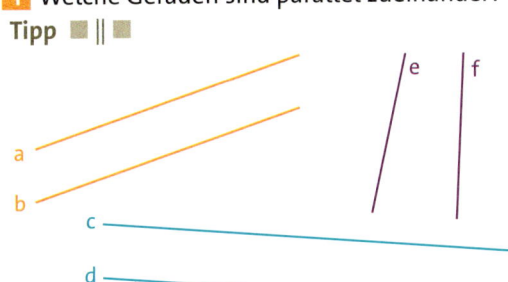

**Tipp**
überall der gleiche Abstand:

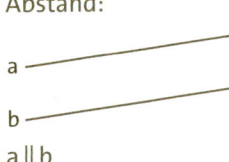

a ∥ b

überall ein anderer Abstand:

c **nicht** parallel zu d

**2** Welche Geraden sind senkrecht zueinander?
Tipp ■ ⊥ ■

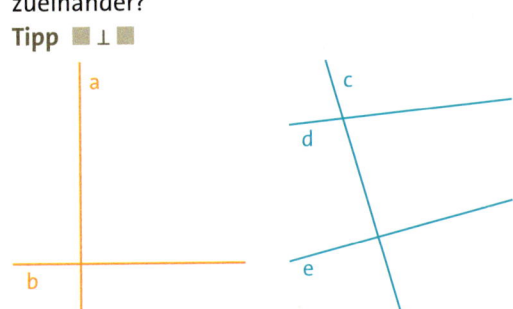

**Tipp**
rechter Winkel

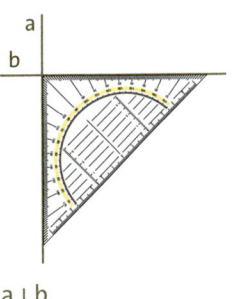

a ⊥ b

kein rechter Winkel

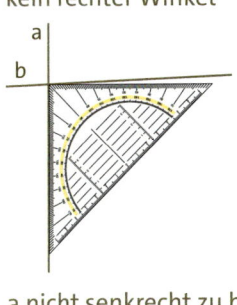

a nicht senkrecht zu b

**3** Welche Stifte sind parallel zueinander? Welche sind senkrecht zueinander?

**Tipp**
Welche Stifte haben überall den gleichen Abstand?
Welche Stifte bilden zusammen einen rechten Winkel?

**4** 👥 Haltet eure Arme oder Finger, sodass sie zueinander senkrecht und parallel sind. Findet verschiedene Möglichkeiten.

**5** Falte aus einem Quadrat das Muster.  **Tipp** Falte ordentlich Kante an Kante.

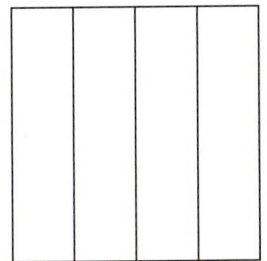

a) Zeichne parallele Linien in gleicher Farbe.
b) Beschrifte rechte Winkel mit ∟.

# GRUNDBEGRIFFE DER GEOMETRIE

## Methode  Mit dem Geodreieck arbeiten: Parallele und senkrechte Geraden

Mit dem Geodreieck kann man prüfen, ob Geraden parallel oder senkrecht zueinander sind.

Dafür hat jedes Geodreieck Hilfslinien: Die grünen Linien sind alle **parallel zueinander**.

Wie sehen diese Hilfslinien auf deinem Geodreieck aus?

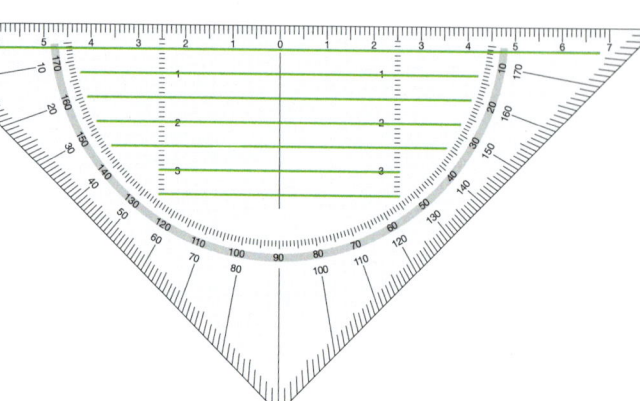

### Parallele Geraden prüfen:

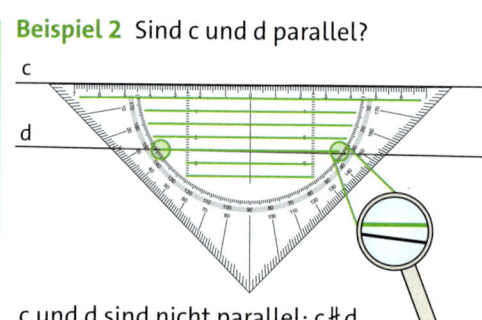

**Beispiel 1** Sind a und b parallel?

a und b sind parallel: a ∥ b

**Beispiel 2** Sind c und d parallel?

c und d sind nicht parallel: c ∦ d

### Parallele Geraden zeichnen:

**Beispiel 3**

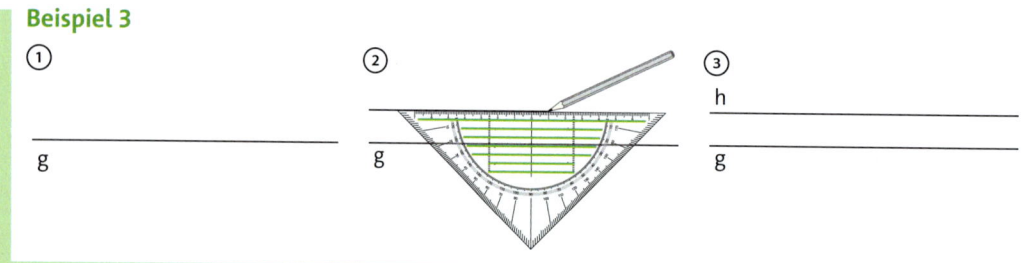

### Parallele Geraden durch einen Punkt zeichnen:

**Beispiel 4**

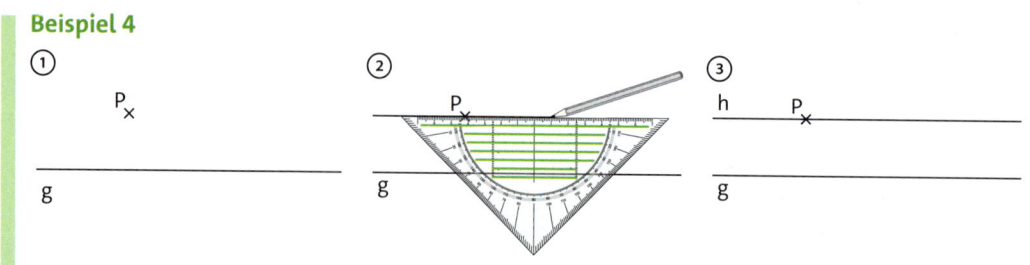

Auch für senkrechte Geraden hat das Geodreieck eine Hilfslinie:

Die lila Linie und die Kante bilden einen rechten Winkel. Sie sind **senkrecht zueinander**.

Wie sieht diese Hilfslinie auf deinem Geodreieck aus?

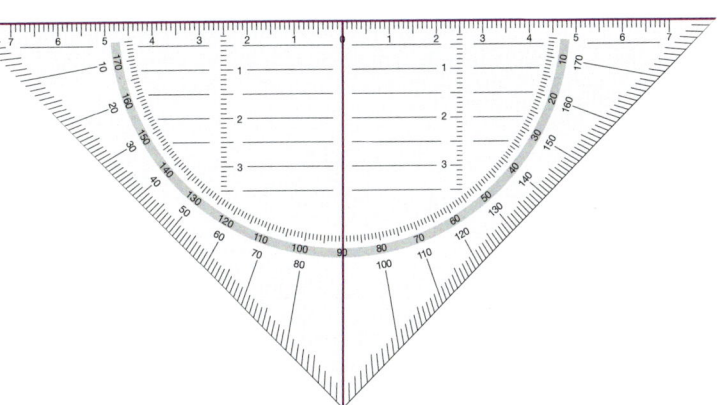

## Senkrechte Geraden prüfen:

**Beispiel 1** Sind a und b senkrecht?

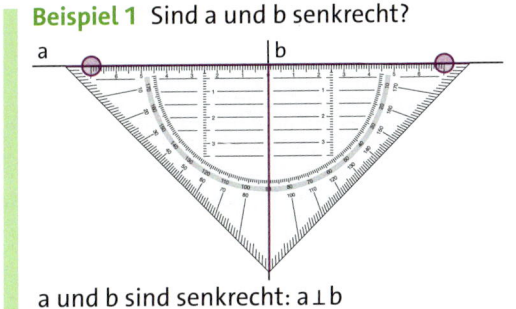

a und b sind senkrecht: a ⊥ b

**Beispiel 2** Sind c und d senkrecht?

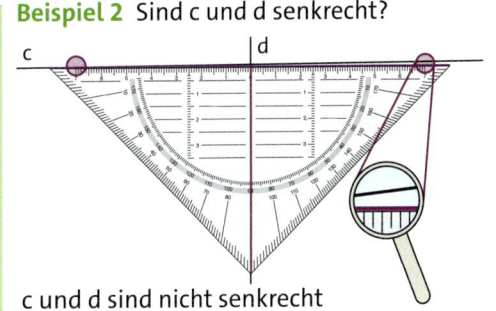

c und d sind nicht senkrecht

## Senkrechte Geraden durch einen Punkt auf der Geraden zeichnen:

**Beispiel 3**

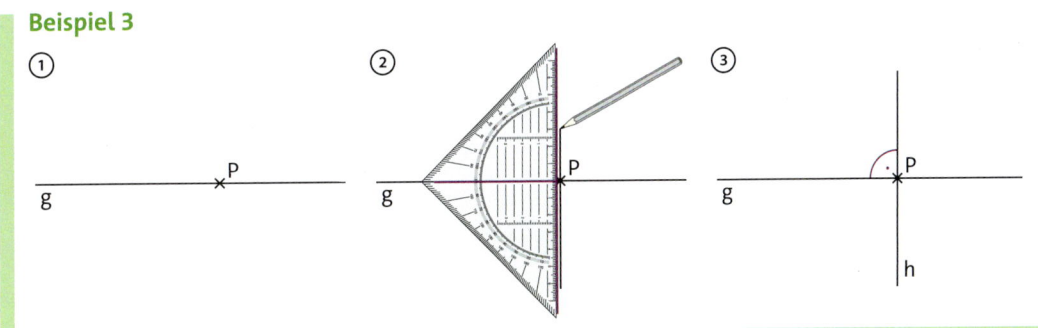

## Senkrechte Geraden durch einen Punkt neben der Geraden zeichnen:

**Beispiel 4**

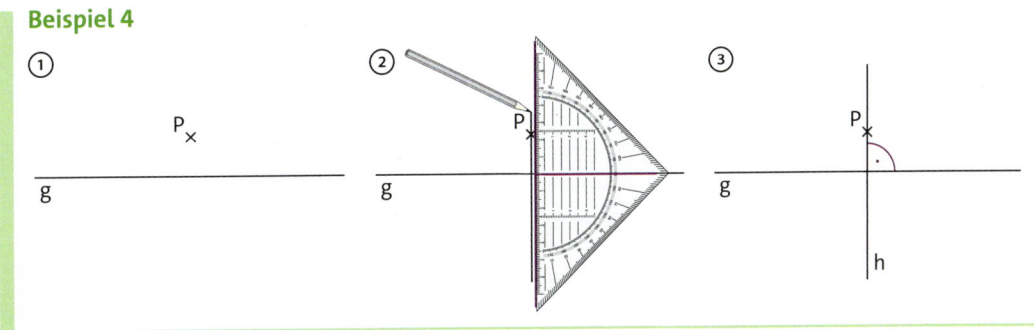

## GRUNDBEGRIFFE DER GEOMETRIE — MIT DEM GEODREIECK ARBEITEN

**ANWENDEN**

**1** Welche Geraden sind parallel zueinander? Prüfe mit dem Geodreieck.

a
b

c

d

**Tipp**
So legst du das Geodreieck an:

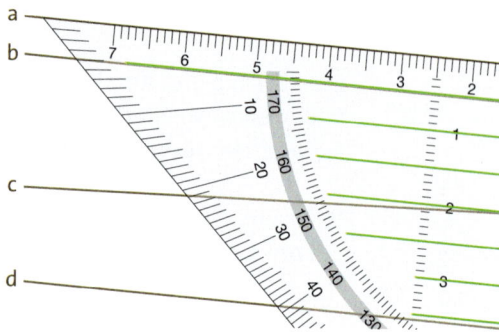

**2** Übertrage die Zeichnung ins Heft. Zeichne durch die Punkte P, Q und R parallele Geraden zu g.

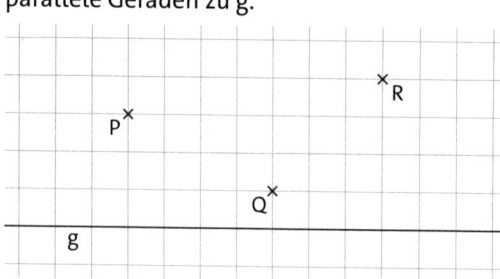

**Tipp**
So legst du das Geodreieck an:

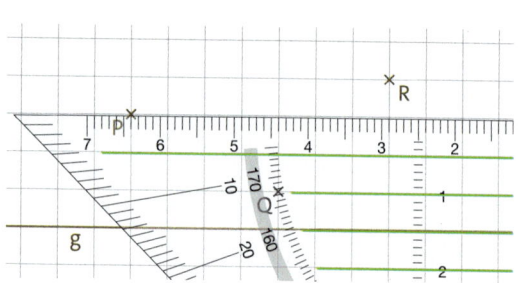

**3** Welche Geraden sind senkrecht zueinander? Prüfe mit dem Geodreieck.

a) 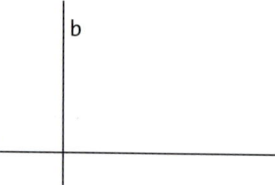   b) 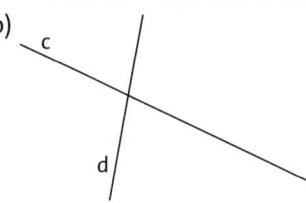   c)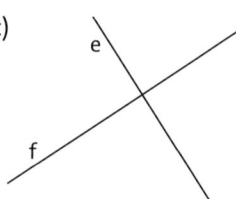

**4** Übertrage die Zeichnung ins Heft. Zeichne durch die Punkte A und B senkrechte Geraden zu g.

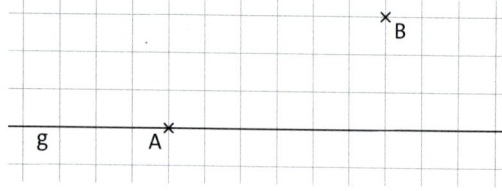

**Tipp**

**5** Zeichne eine Gerade g.
① Zeichne zwei Punkte A und B, die nicht auf der Geraden liegen.
② Zeichne durch A eine Senkrechte zu g.
③ Zeichne durch B eine Senkrechte zu g.
Was fällt dir auf?

**Tipp** So könnte deine Zeichnung am Anfang aussehen:

# GRUNDBEGRIFFE DER GEOMETRIE — ABSTAND

**ANWENDEN**

**1** Kann man so den Abstand messen?
Beschreibt euch gegenseitig, welche Fehler hier gemacht werden.

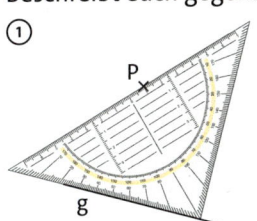
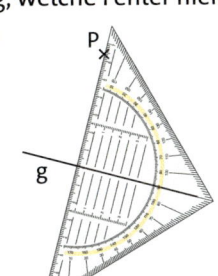
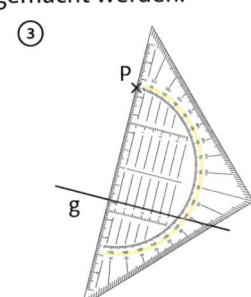
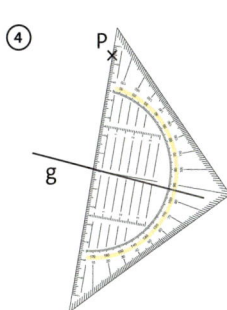

**2** Miss den Abstand der Punkte zur Geraden g.

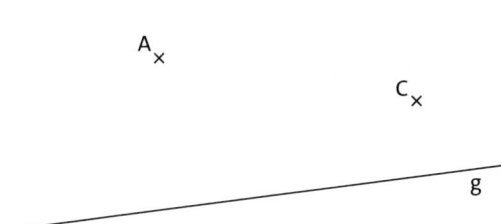

**Tipp** ablesen — bei 0 anlegen

**3** Miss den Abstand mit dem Geodreieck.

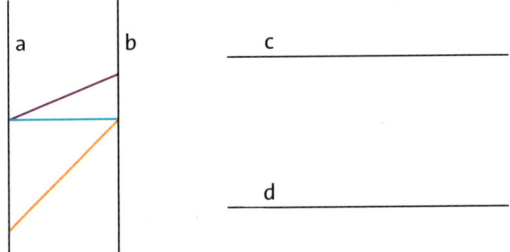
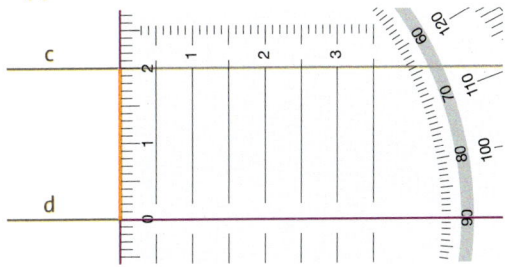

**Tipp** Achte darauf, dein Geodreieck richtig anzulegen.

**4** Zeichne eine Gerade g ins Heft.
Zeichne dann einen Punkt P mit dem Abstand.
a) 3 cm  b) 2 cm
c) 5 cm  d) 1 cm

**Methode Parallele Geraden mit einem Abstand zeichnen**
① Zeichne zuerst eine Gerade g.
② Verschiebe dann dein Geodreieck parallel bis zum richtigen Abstand.
Nutze dafür die kleinen Skalen.

**5** Zeichne zwei Geraden g und h mit dem Abstand ins Heft.
Erkläre dein Vorgehen.
a) 1 cm  b) 2 cm
c) 2,5 cm  d) 3,5 cm
e) 3,8 cm  f) 2,2 cm

**6** Zu einer Geraden g gibt es sechs parallele Geraden im Abstand von je 5 mm.
Wie groß ist der Abstand der beiden außen liegenden Geraden?

**ANWENDEN**

**1** Welcher Punkt hat diese Koordinaten?
① (7|3)  ② (2|4)  ③ (10|4)
④ (5|1)  ⑤ (1|5)  ⑥ (3|2)

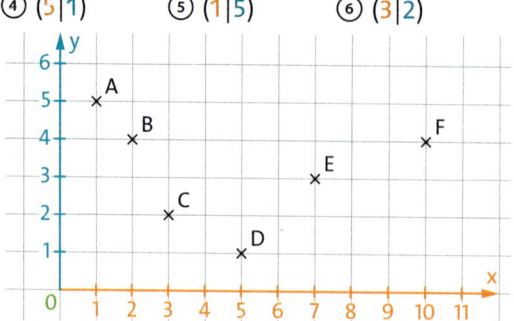

**Tipp**
Erst nach rechts,
dann nach oben.

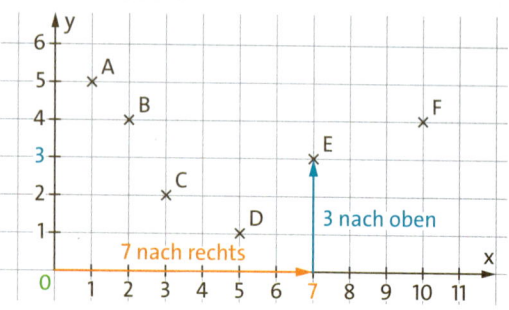

**2** Welche Koordinaten haben die Punkte?
**Tipp** A(3|■): 3 nach rechts und ■ nach oben

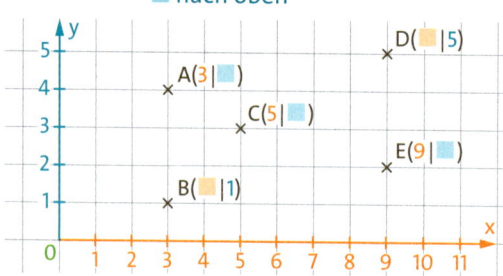

**Tipp**
A(3|■) Lies an der y-Achse ab.
B(■|1) Lies an der x-Achse ab.

**3** Gib die Koordinaten der Punkte an.
**Tipp** A und E liegen auf der x-Achse.

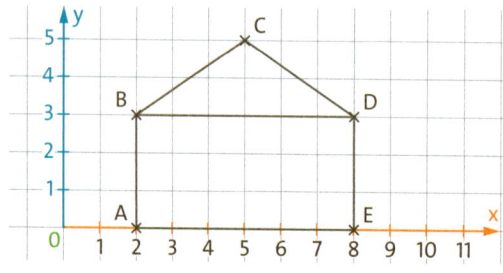

**Tipp** Wenn ein Punkt auf der x-Achse liegt, geht man 0 Schritte nach oben.

**4** Übertrage das Koordinatensystem ins Heft.
Trage die Punkte ein:
A(3|2); B(2|3); C(5|3); D(4|1); E(1|1)

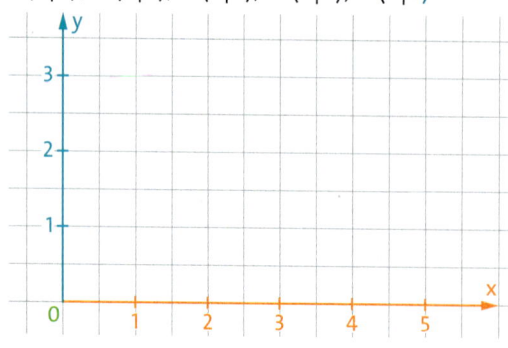

**Tipp**
Punkt A(3|2):
Gehe vom Nullpunkt 3 nach rechts und 2 nach oben.

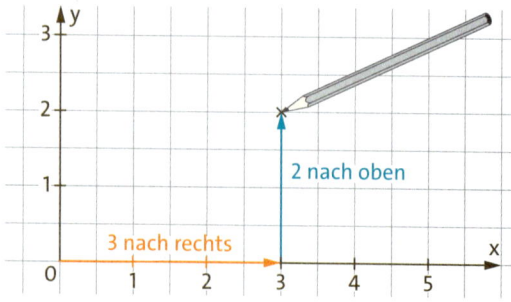

**5** Welche Fehler wurden hier gemacht? Erklärt sie euch gegenseitig.

a) 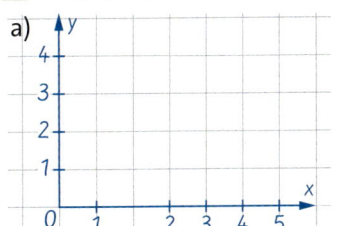  b) 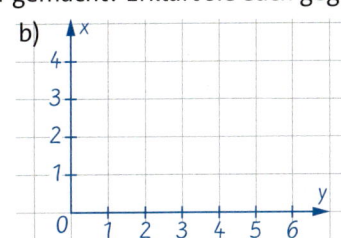  c)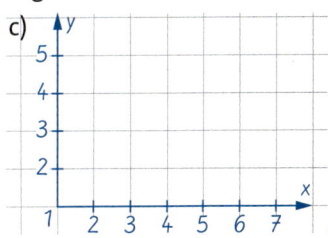

**Methode  Koordinatensystem zeichnen**
Beachte:
– x-Achse rechts, y-Achse hoch
– die Achsen gleichmäßig einteilen
– Beschriftung bei 0 beginnen
– Kann man alle Punkte einzeichnen?
  Was ist der größte x-Wert?
  Was ist der größte y-Wert?

**6** Zeichne ein Koordinatensystem und trage die Punkte ein.
A(2|8); B(5|7); C(1|3); D(6|0)
a) Wie lang muss die x-Achse mindestens sein? Wie lang die y-Achse?
b) Kannst du diese Punkte auch in das Koordinatensystem zeichnen? Begründe.
E(1|8); F(17|1); G(3|9); H(6|8)

**Tipp**
Wie lang muss die x-Achse mindestens sein?
Wie lang die y-Achse?

**7** Zeichne ein Koordinatensystem und trage die Punkte ein.
A(0|4); B(3|1); C(6|4); D(4|6); E(2|2)

**Tipp** Achte darauf, dass man alle Punkte in das Koordinatensystem einzeichnen kann.

**8** Zeichne ein Koordinatensystem.
Verbinde die Punkte zu einem Drachen.
A(5|1); B(7|5); C(5|7); D(3|5)

**9** Die Punkte A(1|3), B(4|8) und C(4|3) bilden ein Dreieck.
Zeichne das Dreieck in ein Koordinatensystem und zeichne 2 Punkte …
a) außerhalb des Dreiecks.
b) innerhalb des Dreiecks.
c) auf einer Seite des Dreiecks.

**Tipp**
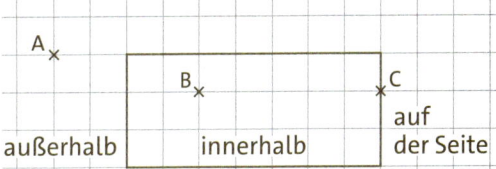

**10** Zeichenanleitung
a) Welche Koordinaten haben die Ecken?
In welcher Reihenfolge müssen die Ecken verbunden werden?
b) Diktiere deine Zeichenanleitung deinem Partner.
Vergleicht die Bilder.

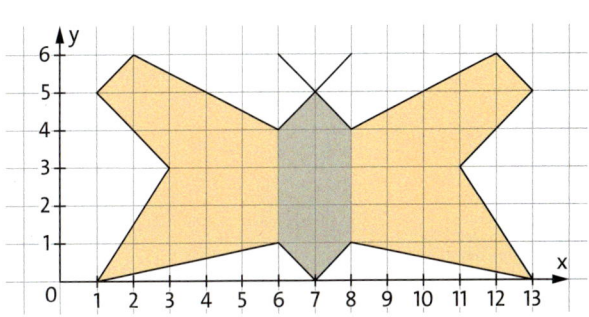

GRUNDBEGRIFFE DER GEOMETRIE    ACHSENSYMMETRIE

**ANWENDEN**

**1** Sind die Werkzeuge achsensymmetrisch? Begründe deine Antwort.

**2** Die Buchstaben sind alle achsensymmetrisch.

**Tipp** Benutze einen Spiegel.

# MATHE

Erklärt, wie man das prüfen kann.

**3** Übertrage ins Heft.
Zeichne die Symmetrieachsen ein.

**Tipp** Du kannst die Figur auch im Heft ausschneiden und falten.

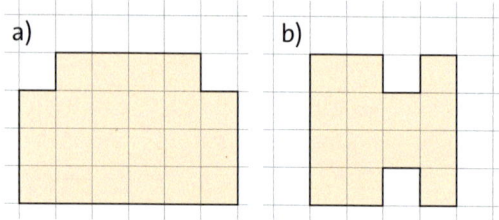

**4** Sind die Figuren achsensymmetrisch? Kontrolliere, indem du die Kästchen zählst.

**Tipp** Zähle die Kästchen nach links und nach rechts.

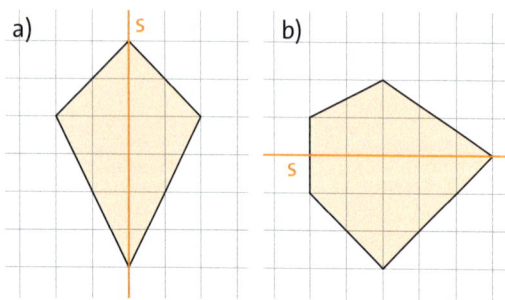
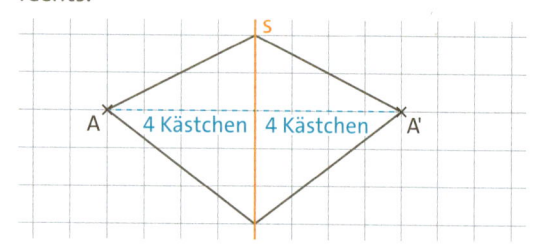

**5** Übertrage ins Heft.
Ergänze achsensymmetrisch.

**Tipp** Punkt und Bildpunkt haben den gleichen Abstand zu s.

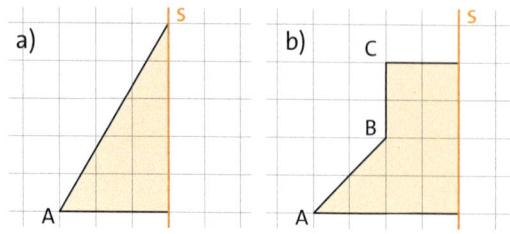
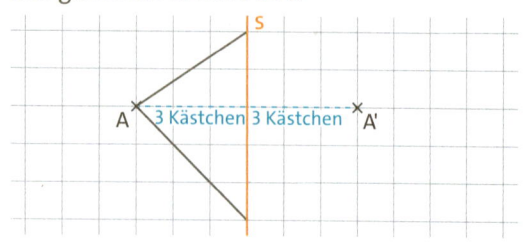

**GRUNDBEGRIFFE DER GEOMETRIE   ACHSENSYMMETRIE**

**Methode  Mit dem Geodreieck
Achsensymmetrie prüfen**
Manchmal kann man keine Kästchen zählen.
Dann hilft das Geodreieck.

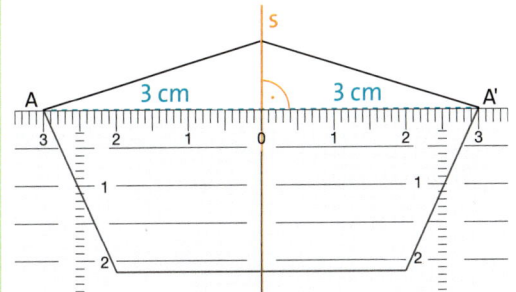

**6** Ist die Figur achsensymmetrisch?
Prüfe mit dem Geodreieck.

a) 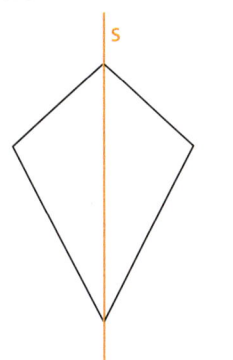   b)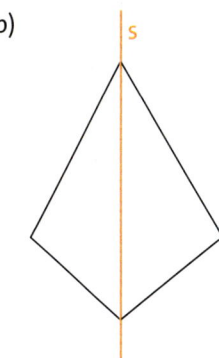

**7** Ist die Figur achsensymmetrisch?
Prüfe mit dem Geodreieck.

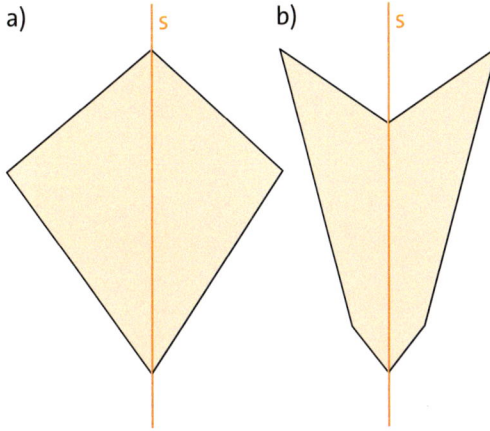

**Tipp**  Vergleiche die Abstände
auf beiden Seiten.

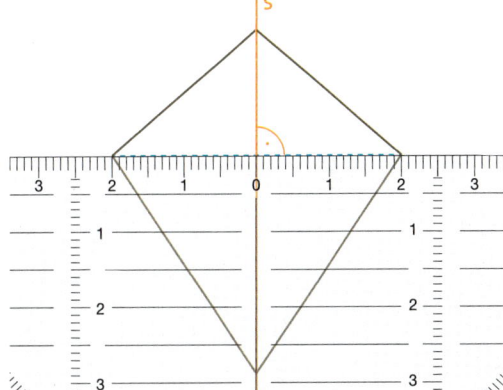

**Hinweis**
Beim Übertragen
helfen dir die
kleinen Striche.

**8** Ergänze achsensymmetrisch im Heft.

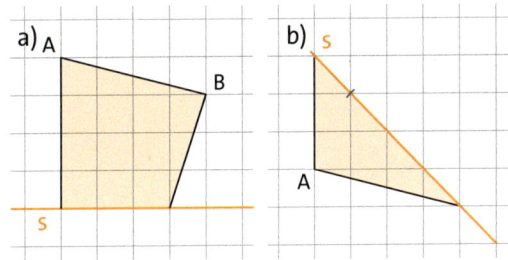

**Tipp**

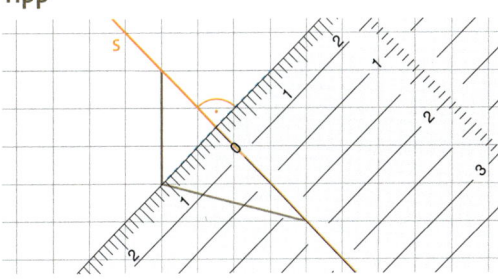

**9** Ergänze achsensymmetrisch im Heft.

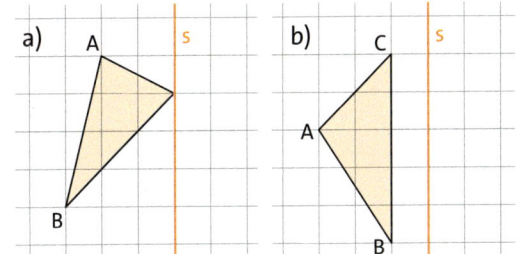

**Tipp**  Verwende das Geodreieck oder zähle die
Kästchen.

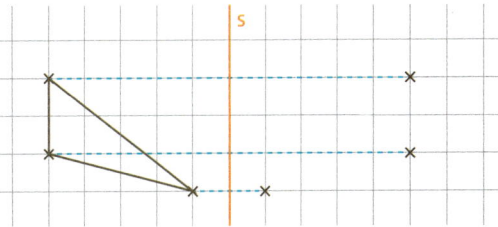

## Thema Punktsymmetrie

Dreht man Simons Namen auf den Kopf, ändern sich einige Buchstaben dabei nicht.

Auf den Kopf gedreht:

# SIMON ⟳ NOWIS

Eine Figur, die ihr Aussehen bei einer halben Drehung nicht ändert, nennt man **punktsymmetrisch**.

Verbindet man die gegenüberliegenden Ecken miteinander, treffen sich alle Linien in einem Punkt.
Um ihn wird die Figur gedreht.
Dieser Punkt heißt **Symmetriezentrum Z**.

**Beispiel 1**

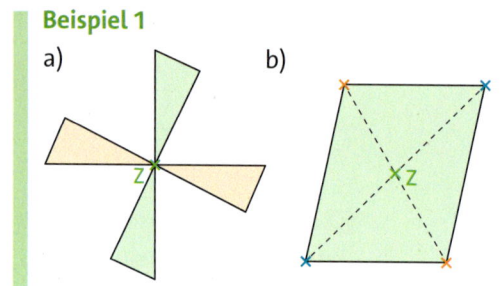

a)   b)

## ANWENDEN

**1** Sind die Figuren punktsymmetrisch?
**Tipp** Drehe das Buch auf den Kopf.

① 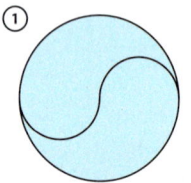  ②   ③   ④   ⑤

**2** Übertrage die Figur ins Heft.
Zeichne das Symmetriezentrum ein.
**Tipp** Verbinde die gegenüberliegenden Ecken miteinander.

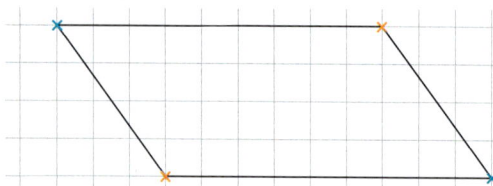

**Tipp**
Die gegenüberliegenden Ecken haben die gleiche Farbe.

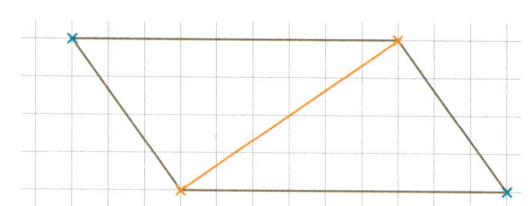

**3** Übertrage und schneide die Figur zweimal aus. Lege beide Figuren so zusammen, dass eine punktsymmetrische Figur entsteht.

a)  b)

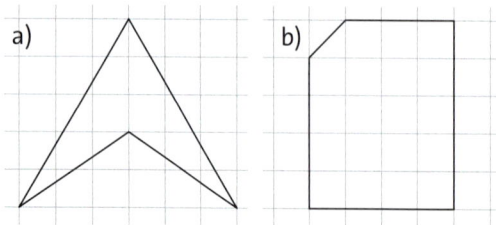

**Tipp** zwei Dreiecke punktsymmetrisch zusammengelegt:

# Multiplikation und Division

In diesem Kapitel lernst du, …

→ im Kopf schnell und sicher zu rechnen.
→ welche Reihenfolge du beim Rechnen beachten musst.
→ durch Rechengesetze geschickt zu rechnen.
→ schriftlich zu multiplizieren.
→ schriftlich zu dividieren.

Jannick hat verschieden große Murmeln:
– sechs kleine Murmeln mit dem Wert 1,
– drei mittlere Murmeln mit dem Wert 2
– und eine große mit dem Wert 5.
Zu Beginn des Spiels werden alle Murmeln gleichmäßig an die Spieler verteilt.
Wie viele Spieler können mit Jannicks Murmeln spielen?
Welchen Wert haben Jannicks Murmeln zusammen?
Beim Murmelspiel gibt es viele unterschiedliche Regeln.
Welche kennst du?

MULTIPLIKATION UND DIVISION    KOPFRECHNEN MIT STRATEGIEN

**ANWENDEN**

**1** Multipliziere halbschriftlich.
**Tipp** Zerlege eine Zahl.

| | | | | | | | |
|---|---|---|---|---|---|---|---|
| | 1 | 3 | · | 4 | = | | |
| | 1 | 0 | · | 4 | = | ■ | ■ |
| + | | 3 | · | 4 | = | | |
| | 1 | 3 | · | 4 | = | ■ | ■ |

a) 13 · 4
b) 14 · 6
c) 25 · 3
d) 28 · 7

**Tipp** Zerlege in Zehner und Einer.
13 · 4

| | | | | | | | |
|---|---|---|---|---|---|---|---|
| | 1 | 3 | · | 4 | = | | |
| | 1 | 0 | · | 4 | = | ■ | ■ | ① Zehner multiplizieren
| + | | 3 | · | 4 | = | | | ② Einer multiplizieren
| | 1 | 3 | · | 4 | = | ■ | ■ | ③ Teilergebnisse addieren

**2** Dividiere halbschriftlich.
**Tipp** Zerlege vorteilhaft:

60 : 6 ist einfach zu rechnen

| | | | | | | |
|---|---|---|---|---|---|---|
| | 8 | 4 | : | 6 | = | |
| | 6 | 0 | : | 6 | = | ■ ■ |
| + | 2 | 4 | : | 6 | = | ■ ■ |
| | 8 | 4 | : | 6 | = | ■ ■ |

a) 84 : 6
b) 39 : 3
c) 52 : 4
d) 65 : 5

**Tipp** Zerlege vorteilhaft, sodass du einfach rechnen kannst.

| | | | | | | |
|---|---|---|---|---|---|---|
| | 8 | 4 | : | 6 | = | |
| | 6 | 0 | : | 6 | = | ■ ■ | ① 60 ist durch 6 teilbar.
| + | 2 | 4 | : | 6 | = | ■ ■ | ② 24 ist durch 6 teilbar.
| | 8 | 4 | : | 6 | = | ■ ■ | ③ Teilergebnisse addieren

**3** Rechne im Kopf.
**Tipp** Multipliziere oder dividiere mehr.
a) 19 · 2      b) 29 · 3
c) 87 : 3      d) 76 : 4
Lösungen: 19  29  38  87

**Tipp**

| | | | | | |
|---|---|---|---|---|---|
| 1 | 9 | · | 2 | = | |
| 2 | 0 | · | 2 | = | ■ ■ | ① größere Zehner-Zahl
| − | 1 | · | 2 | = | | ② weil 19 = 20 − 1
| 1 | 9 | · | 2 | = | ■ ■ | ③ Teilergebnisse subtrahieren

**4** Rechne im Kopf oder halbschriftlich.

| · | 3 | 5 | 8 | 12 | 15 | 18 |
|---|---|---|---|---|---|---|
| 2 | | | | | | |
| 5 | | | | | | |

**Tipp**

| · | 3 | 5 | 8 | 12 | 15 | 18 |
|---|---|---|---|---|---|---|
| 2 | | | | | | |
| 5 | | | | | | |

Hier kommt das Ergebnis von 5 · 8 hin.

**Info  Vorsicht bei 0**
0 · 8 = 0        0 : 8 = 0
8 · 0 = 0        ~~8 : 0~~

Durch 0 darf man nie teilen.

**5** Rechne im Kopf.
a) 5 · 1       b) 9 : 1       c) 1 · 13
   1 · 5          9 : 9          13 : 13
   0 · 5          0 : 9          0 · 13

**6** Multipliziere vorteilhaft.
**Tipp** Nullen ergänzen:
   90 · 300 = 27 000
a) 40 · 600      b) 70 · 900
c) 300 · 800     d) 500 · 9000

**Tipp**                      90 · 300 =
① Rechne ohne Nullen:    9 · 3  = 27
② Ergänze die Nullen wieder:
                         90 · 300 = 27 000

**7** Dividiere vorteilhaft.
**Tipp** Nullen streichen:
   36 0̶0̶0̶ : 4 0̶0̶ = 360 : 4 = 90
a) 3500 : 700    b) 2800 : 400
c) 480 : 60      d) 2400 : 80

**Tipp** Streiche auf beiden Seiten immer **gleich viele Nullen**:
   36 0̶0̶0̶ : 4 0̶0̶ = 360 : 4 = 90
   links 2 Nullen     rechts 2 Nullen

**8** Schöne Ergebnisse
Berechne und setze die Reihe fort.
Kennst du weitere Aufgaben mit schönen Ergebnissen?

a) 22 : 2      b) 22 : 1
   44 : 2         44 : 2
   66 : 2         66 : 3

# MULTIPLIKATION UND DIVISION — VORRANGREGELN

**ANWENDEN**

**1** Berechne.
**Tipp** Klammern zuerst.
a) 4 · (3 + 2)
b) 6 · (8 − 3)
c) 28 : (6 − 2)
d) (5 + 2) · 6
e) (23 − 5) : 6
f) (12 − 5) · 3

Lösungswort: 21 D   42 A   7 L   20 I   30 R   3 N

**Tipp** Schreibe so:

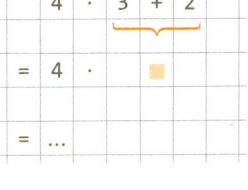

**2** Welche Aufgabe gehört zum Rechenbaum? Begründe. Berechne dann.

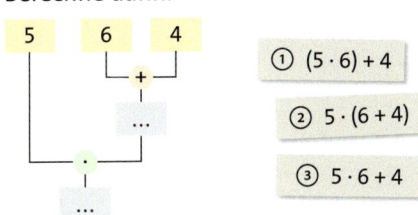

① (5 · 6) + 4
② 5 · (6 + 4)
③ 5 · 6 + 4

**Tipp** Was rechnet man beim Rechenbaum zuerst? Das muss dann in Klammern stehen.

**3** Berechne.
**Tipp** Erst Punktrechnung: · und :
dann Strichrechnung: + und −
a) 2 + 4 · 3
b) 7 · 2 − 6
c) 12 + 30 : 5
d) 28 − 12 : 2
e) 9 + 3 · 8
f) 18 + 25 : 5

Lösungswort: 18 E   23 T   14 S   22 C   33 H   8 P

**Tipp** Schreibe so:

|   | 3 | + | 4 | · | 2 |   |   | 5 | · | 4 | − | 2 |
|---|---|---|---|---|---|---|---|---|---|---|---|---|
| = | 3 | + |   | 8 |   |   | = |   | 2 | 0 | − | 2 |
| = |   | 1 | 1 |   |   |   | = |   |   | 1 | 8 |   |

**4** Berechne.
**Tipp** Zuerst Klammern, dann Punkt vor Strich, dann von links nach rechts.
a) 8 + 24 : (10 − 4)
b) 5 · (2 + 6) − 17
c) 82 − 7 · 8 + 12
d) 3 · (27 − 15) + 14 : 2

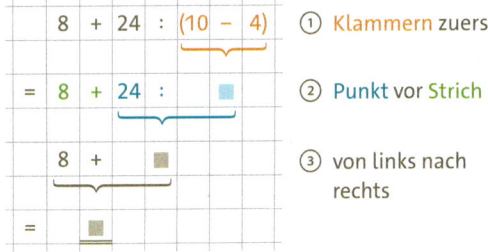

① Klammern zuerst
② Punkt vor Strich
③ von links nach rechts

**5** Übertrage und ergänze den Rechenbaum.
a) 16 − 14 : 2
b) (16 − 14) : 2

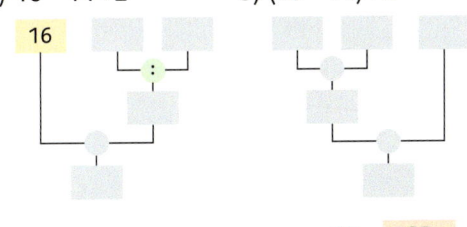

**Tipp** Was wird zuerst gerechnet?

## MULTIPLIKATION UND DIVISION — VORRANGREGELN

**6** Beschreibt die Fehler und berichtigt sie im Heft.

a)
```
  5 + 7 · 2
= 12    · 2
=    24
```

b)
```
  183 − 12 − 10
= 183 −      2
=    181
```

c)
```
  2 · (5 + 7)
= 10   +  7
=    17
```

d)
```
  (21 − 6 + (4 · 8) + 2
= 21 −   10 · 8 + 2
= 21 −   10 ·   10
= 21 −       100 = ?
```

**7** Welche Klammern sind nicht notwendig? Prüfe durch eine Rechnung.
a) $(5 + 2) \cdot 5 = 35$
b) $8 \cdot (9 − 4) = 40$
c) $14 − (4 \cdot 3) = 2$
d) $(5 \cdot 3) + 8 = 23$

**Tipp** Rechne einmal mit und einmal ohne Klammern.
Ist das Ergebnis gleich?
Dann ist die Klammer nicht notwendig.

**8** Berechne.
**Tipp** Auch in der Klammer gilt: Punkt-vor-Strich-Rechnung
a) $6 + (15 − 4 \cdot 3)$
b) $(12 + 8 \cdot 2) : 4$
c) $7 \cdot (26 − 5 \cdot 4)$

Lösungen: 9   7   42

**Tipp**
```
    7 + (3 − 14 : 7)     Punkt vor Strich
  = 7 + (3 −    2)
  = 7 +     1
  =     8
```

**9** Welcher Rechenbaum gehört zu welcher Aufgabe?

① $(12 + 28) : 2$
② $(12 + 28) \cdot 2$

Welcher Text passt dazu?
Ein Text bleibt übrig:
Zeichne dazu einen Rechenbaum.

a)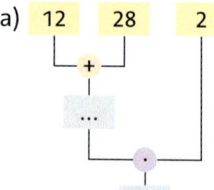

b)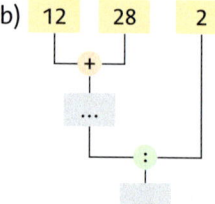

**A** Eva kauft sich ein T-Shirt für 12 €. Dazu kauft sie eine Hose. Die Hose hat vorher 28 € gekostet. Jetzt kostet sie nur noch die Hälfte.

**B** Jon und Anna verkaufen Sachen auf dem Flohmarkt. Jon nimmt 12 € ein und Anna 28 €. Sie teilen sich die Einnahmen.

**C** Tim hat 12 €. Seine Oma gibt ihm 28 € dazu. Das neue Spiel kostet aber das Doppelte.

**10** Olivia hat 5 Pakete mit jeweils 3 Stiften bestellt. Dazu kauft sie noch 7 Stifte. Wie viele sind das zusammen?

**Tipp** Was ist gegeben? Was ist gesucht? Zeichne einen Rechenbaum.

**11** Welches Ergebnis gehört zur Rechnung?
$10 \cdot (14 − 7) + 32 : 2$

51   56   86

**Tipp** Beachte die Vorrangregeln:
① Klammern zuerst
② dann Punkt vor Strich
③ dann von links nach rechts

**12** Setze das passende Rechenzeichen ein.
a) $8 + 2 \;\blacksquare\; 6 = 20$
b) $40 \;\blacksquare\; 8 : 2 = 36$
c) $(5 \;\blacksquare\; 7) \cdot 5 = 60$
d) $20 \;\blacksquare\; (4 + 6) = 2$

+   −   ·   :

**Tipp** Setze nacheinander die Rechenzeichen ein: + − · :
Berechne.
Beachte beim Rechnen die Vorrangregeln.

## MULTIPLIKATION UND DIVISION — RECHENGESETZE UND RECHENVORTEILE

**ANWENDEN**

**1** Berechne.
Was stellst du fest?
a) 9 · 3   und   3 · 9
b) 7 · 6   und   6 · 7
c) 11 · 2   und   2 · 11
d) 10 : 2   und   2 : 10

**Tipp** Rechne beide Aufgaben von links nach rechts.

**2** Berechne vorteilhaft.
**Tipp** Tausche vorher zwei Zahlen.
a) 2 · 8 · 5
b) 5 · 12 · 2
c) 50 · 7 · 2
d) 4 · 8 · 25
e) 4 · 3 · 250
f) 8 · 11 · 125

**Tipp** Tausche so, dass diese Zahlen nebeneinanderstehen:

| 2 · 5 | 5 · 2 | 50 · 2 |
| 4 · 25 | 4 · 250 | 8 · 125 |

**3** Miriam bekommt zehn 5-Euro-Scheine geschenkt.
André bekommt fünf 10-Euro-Scheine.
Wer bekommt mehr?

**Tipp**
Miriam: 10 · ■ = ■
André: ■ · ■ = ■

**4** Berechne.
Vergleiche die Ergebnisse.
Welche Rechnung ist einfacher?
Begründe.
a) (2 · 5) · 11   und   2 · (5 · 11)
b) (3 · 4) · 5   und   3 · (4 · 5)
c) (5 · 20) · 8   und   5 · (20 · 8)
d) (3 · 4) · 25   und   3 · (4 · 25)

**Tipp**
(2 · 5) · 17        2 · (5 · 17)
= 10 · 17          = 2 · 85
= 170              = 170

Diese Rechnung ist einfacher, weil ich hier nur eine Null ergänzen muss.

**5** Setze die Klammern, sodass du einfach rechnen kannst.
**Tipp**
  9 · 5 · 2
= 9 · (5 · 2)
= 9 · 10
= 90

a) 8 · 2 · 5
b) 4 · 25 · 7
c) 6 · 500 · 2
d) 13 · 4 · 5

**Tipp** Was ist einfacher?
bei a) 8 · 2 oder 2 · 5?

Mit 10, 100 oder 1000 kannst du einfacher rechnen.

**MULTIPLIKATION UND DIVISION**    **RECHENGESETZE UND RECHENVORTEILE**

**6** Vertausche die Zahlen zweimal.
**Tipp**
$4 \cdot 2 \cdot 12 \cdot 5$
$= 4 \cdot 2 \cdot 5 \cdot 12$
$= 4 \cdot 5 \cdot 12 \cdot 2$
$= 20 \cdot 12 \cdot 2 = \ldots$

a) $2 \cdot 9 \cdot 7 \cdot 5$
b) $4 \cdot 3 \cdot 7 \cdot 25$
c) $4 \cdot 8 \cdot 5 \cdot 10$
d) $250 \cdot 6 \cdot 3 \cdot 4$

**Tipp** Welche Zahlen sollen nebeneinander stehen? Vertausche dann schrittweise.

**7** Vertausche und verbinde mit Klammern, sodass du einfach rechnen kannst.
**Tipp**
$2 \cdot 7 \cdot 5$
$= 7 \cdot 2 \cdot 5$
$= 7 \cdot (2 \cdot 5)$
$= 7 \cdot 10$
$= 70$

a) $5 \cdot 19 \cdot 2$
b) $4 \cdot 18 \cdot 25$
c) $5 \cdot 23 \cdot 2$
d) $125 \cdot 11 \cdot 8$
e) $4 \cdot 21 \cdot 5$

**Tipp**
① Welche Zahlen sollen nebeneinander stehen? Vertausche.
② Was möchtest du zuerst rechnen? Setze darum Klammern.

**8** Ordne zu und berechne.
**Tipp**
$6 \cdot (4 + 2) = 6 \cdot 4 + 6 \cdot 2 = \ldots$

a) $6 \cdot (4 + 2)$    ① $8 \cdot 20 - 8 \cdot 3$
b) $8 \cdot (20 + 3)$    ② $6 \cdot 4 + 6 \cdot 2$
c) $8 \cdot (20 - 3)$    ③ $6 \cdot 4 - 6 \cdot 2$
d) $6 \cdot (4 - 2)$    ④ $8 \cdot 20 + 8 \cdot 3$

184   12   36   136

**Tipp** Beachte: Bei c) und d) steht ein Minus in der Klammer.

**9** Berechne vorteilhaft. Welche Rechengesetze nutzt du dabei?
a) $7 \cdot 8 \cdot 125 \cdot 3$
b) $5 \cdot 4 \cdot 25 \cdot 3$
c) $5 \cdot (20 + 3) \cdot 2$
d) $7 \cdot (30 - 2)$

**Tipp**
Vertauschungsgesetz: Zahlen tauschen.
Verbindungsgesetz: Klammern setzen.
Verteilungsgesetz: ausmultiplizieren.

**10** Zerlege und rechne dann.
**Tipp**
$\phantom{=} 3 \cdot \phantom{(} 17$
$= 3 \cdot (10 + 7)$
$= 3 \cdot 10 + 3 \cdot 7$
$= \phantom{3 \cdot} 30 \phantom{0} + 21$
$= \phantom{3 \cdot 00} 51$

a) $5 \cdot 13$
b) $4 \cdot 16$
c) $7 \cdot 12$
d) $3 \cdot 23$
e) $4 \cdot 31$

**Tipp** Zerlege die zweite Zahl in **Zehner** und **Einer**:
$\phantom{=} 3 \cdot \phantom{(} 17$
$= 3 \cdot (10 + 7)$
$= \ldots$

**11** 👥 Schreibt Multiplikationen mit dem Ergebnis 4000 auf.
Verwendet dafür diese Zahlen:

25   10   2   5   4   40   100   125   8

Es gibt mehrere Möglichkeiten.
a) Beschreibt euer Vorgehen.
b) Findet ihr auch Aufgaben mit dem Ergebnis 320 oder 25 000?

**Tipp** Du kannst Rechenvorteile nutzen:
$\phantom{=} 4 \cdot 2 \cdot 100 \cdot 5$
$= 4 \cdot 2 \cdot 5 \cdot 100$
$= 4 \cdot 10 \phantom{0} \cdot 100$
$= \phantom{4 \cdot 0 \cdot } \underline{4000}$

MULTIPLIKATION UND DIVISION    SCHRIFTLICH MULTIPLIZIEREN

**ANWENDEN**

**1** Multipliziere schriftlich.
a) 123 · 2
b) 123 · 3
c) 543 · 4
d) 853 · 7

**Tipp** Schreibe jedes Zeichen in ein einzelnes Kästchen.

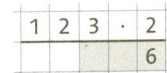

**2** Hier haben sich Fehler versteckt. Erkläre und berichtige sie.
a) 213 · 4 = 8412
b) 213 · 4 = 657
c) 213 · 4 = 842

**3** Multipliziere schriftlich.
**Tipp** Achte auf die Stellen.
a) 134 · 11
b) 155 · 45
c) 516 · 24
d) 385 · 49

Lösungen: 12 384   1474   18 865   6975

**Tipp** Schreibe das Ergebnis direkt unter die jeweilige Stelle.

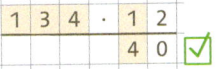 ✓    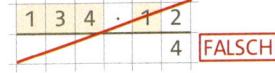 FALSCH

**4** Multipliziere schriftlich.
**Tipp** Achte auf die Überträge beim letzten Rechenschritt.
a) 241 · 21
b) 765 · 21
c) 428 · 36
d) 931 · 53
e) 918 · 17
f) 598 · 76

Lösungswort: 15 408 S   5061 M   15 606 A   45 448 U   49 343 K   16 065 O

**Tipp** letzter Rechenschritt: Addiere die Teilergebnisse.

```
2 4 7 · 3 2
    7 4 1 0
+     4 9 4
      1
      0 4
```
9 + 1 = 10
Übertrag 1

**Methode Überschlag als Probe**
Mit dem Überschlag kann man abschätzen, ob ein Ergebnis stimmt.
Man rechnet mit gerundeten Zahlen.
  195 · 78 = 2898
  ≈ 200 · 80 = 16 000
Das Ergebnis kann nicht stimmen.

**5** Welcher Überschlag passt zur Aufgabe? Begründe.
a) 89 · 31
b) 223 · 43
c) 913 · 29
d) 57 · 79
e) 82 · 632

① 200 · 40 = 8000
② 60 · 80 = 4800
③ 90 · 30 = 2700
④ 80 · 600 = 48 000
⑤ 900 · 30 = 27 000

**6** Welches Ergebnis kann nicht richtig sein? Prüfe mit einem Überschlag.
**Tipp** 21 · 8 = 280   Das Ergebnis kann
  ≈ 20 · 8 = 160   nicht stimmen.
a) 29 · 71 = 219
b) 612 · 31 = 28 972
c) 798 · 49 = 39 102
d) 234 · 28 = 45 520

**Tipp** Rechne mit gerundeten Zahlen:
Ist das Ergebnis mit den gerundeten Zahlen ungefähr gleich?
Dann kann das Ergebnis stimmen.

**7** Überschlage zuerst. Multipliziere dann schriftlich.

  395   708   ·   42   79

**Tipp** 4 Multiplikationen:
395 · 42      395 · 79
708 · 42      708 · 79

**MULTIPLIKATION UND DIVISION — SCHRIFTLICH MULTIPLIZIEREN**

**8** Überschlage zuerst.
Multipliziere dann schriftlich.
**Tipp** Achte auf die Nullen.
a) 451 · 50
b) 692 · 800
c) 543 · 4000
d) 935 · 20
**Tipp** Achte auf die Nullen in der Mitte.
e) 513 · 206
f) 951 · 403
g) 204 · 317
h) 3045 · 206

**Tipp**
Steht die Null am Ende?

|   | 1 | 2 | 3 | · | 2 | 0 |
|---|---|---|---|---|---|---|
|   |   |   | 3 | 6 | 9 | 0 |

Steht die Null in der Mitte?

|   | 5 | 3 | · | 3 | 0 | 5 |
|---|---|---|---|---|---|---|
|   |   | 1 | 5 | 9 |   |   |
| + |   |   |   | 0 | 0 |   |
| + |   |   | 2 | 6 | 5 |   |
|   | 1 | 6 | 1 | 6 | 5 |   |

Die Zeile mit den Nullen kannst du auch weglassen.

18 700   2 172 000   553 600
22 550   627 270
105 678   383 253   64 668

**9** Hier haben sich Fehler versteckt. Erklärt die Fehler und berichtigt sie.

a)
```
  1 0 3 · 4 1
      5 4 7 0
  +     2 1 4
      5 6 8 4
```

b)
```
  7 6 2 · 3 1
    2 2 8 6 0
  +       7 6 2
    2 2 5 2 2
```

c)
```
  4 3 2 · 6 0 5
    2 5 9 2 0 0
  +   2 5 9 0 0
    2 8 5 1 2 0
```

d)
```
  2 1 8 · 4 5
      8 4 2 0
  + 1 0 5 0
      9 4 7 0
```

**10** Die Klasse 5b will einen Ausflug machen.
Frau May sammelt von jedem der
28 Schüler 23 € ein.
Wie viel Geld sammelt Frau May ein?

**Tipp** Was ist gegeben?
Was ist gesucht?

**11** So viel Liter Wasser verbraucht
eine Person an einem Tag:

| Wasserverbrauch | |
|---|---|
| pro Person und Tag in Deutschland | 127 ℓ |

Wie viel Liter Wasser verbraucht
eine Person…
a) in einer Woche?
b) in einem Monat?
c) in einem Jahr?
d) Wie viel Wasser verbraucht
Familie Müller in einem Jahr?

**Tipp**
a) Wie viele Tage hat eine Woche?
b) Wie viele Tage hat ein Monat?
c) Wie viele Tage hat ein Jahr?
d) Wie viele Personen gehören zu der Familie?

**12** Setzt die Zahlen ein und berechnet verschiedene Multiplikationsaufgaben.
a) Welche Aufgabe hat das größte Ergebnis?
b) Welche Aufgabe hat das kleinste Ergebnis?
c) Gibt es Aufgaben, die im Ergebnis an der letzten Stelle eine Null haben?
d) Wie kann man die Kärtchen vertauschen, sodass das Ergebnis gleich bleibt?

2   6
5   3

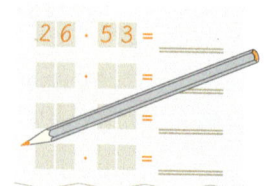

26 · 53 =
☐☐ · ☐☐ =
☐☐ · ☐☐ =
☐☐ · ☐☐ =

**MULTIPLIKATION UND DIVISION — SCHRIFTLICH DIVIDIEREN**

**ANWENDEN**

**1** Dividiere schriftlich im Heft.
a) 5 1 : 3 =    b) 5 2 : 4 =

**Tipp**
① : dividiere
② · multipliziere
③ − subtrahiere
④ ↓ nächste Ziffer

**2** Dividiere schriftlich im Heft.
a) 5 4 2 : 2    b) 6 8 5 : 5

**Tipp** Schreibe jedes Zeichen in ein einzelnes Kästchen.

**3** Dividiere schriftlich.
**Tipp** 135 : 5 =    5 passt nicht in 1
Nimm sofort die zweite Ziffer hinzu: 13 : 5
a) 192 : 2    b) 282 : 3
c) 296 : 4    d) 175 : 5
e) 168 : 6    f) 344 : 8

Lösungen: 43  94  35  74  28  96

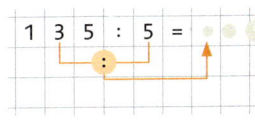

**Tipp**
: 5 passt nicht in 1. Dann nehme ich sofort 13. 5 passt in 13 2-mal rein.

**Methode  Umkehraufgabe als Probe**
Multiplikation und Division sind Umkehrungen voneinander.
Mit der Umkehraufgabe kann man Ergebnisse prüfen.

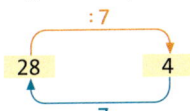

28 : 7 = 4 ist richtig,
weil 4 · 7 = 28 ist.

**4** Überprüfe die Ergebnisse mit der Umkehraufgabe.
**Tipp zu a)** Das Ergebnis 13 ist falsch, weil 13 · 6 = ■ ist.
a) 72 : 6 = 13
b) 296 : 4 = 74
c) 434 : 7 = 82
d) 448 : 8 = 54
e) 684 : 9 = 76

**5** Überprüfe die Ergebnisse von Ali mit der Umkehraufgabe.
**Tipp** 745 : 5 = 149
Ist das richtig?
Probe:
1 4 9 · 5
   7 4 5 ✓

a) 456 : 4 = 114    b) 175 : 5 = 25
c) 324 : 6 = 64     d) 1088 : 8 = 136

**Tipp**
745 : 5 = 149 ist richtig,
weil 149 · 5 = 745 ist.

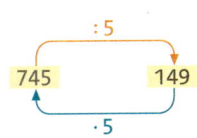

Wenn bei der Umkehraufgabe die Zahlen zu groß sind, dann multipliziere schriftlich.

**6** Hier haben sich Fehler versteckt. Erklärt die Fehler und berichtigt sie.

a)
```
  8 2 4 : 4 = 2 6
- 8
  0 2 4
- 2 4
      0
```

b)
```
  2 7 0 : 5 = 0 5 4
- 0
  2 7
- 2 5
    2 0
-   2 0
      0
```

c)
```
  7 3 5 : 3 = 2 5
- 6
  1 5
- 1 5
    0
```

## MULTIPLIKATION UND DIVISION — SCHRIFTLICH DIVIDIEREN

**Nachgedacht**
Luise rechnet 72 000 : 900 schriftlich. Was sagst du dazu?

**7** Dividiere schriftlich.

**Tipp**

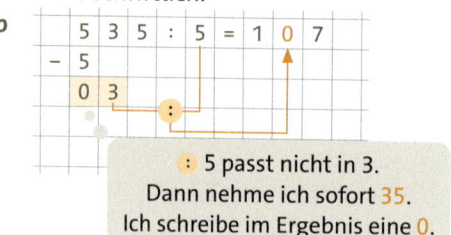

: 5 passt nicht in 3. Dann nehme ich sofort 35. Ich schreibe im Ergebnis eine 0.

**Tipp** Prüfe dein Ergebnis mit der Umkehraufgabe.

a) 824 : 4
b) 1404 : 2
c) 1215 : 3
d) 7112 : 7

**8** Ein Tennisverein bestellt 564 Bälle für insgesamt 1128 €.
a) Wie viel kostet ein Tennisball?
b) Die Bälle sollen gleichmäßig an 3 Mannschaften verteilt werden. Wie viele Bälle bekommt jede Mannschaft?

**Tipp** Schreibe die Angaben aus dem Text.
gegeben:   Anzahl der Bälle: ■
           Kosten insgesamt: ■ €
gesucht:   …
Rechnung:  …
Antwortsatz: …

---

**Methode  Überschlag als Probe**
Runde bei der Division, sodass du einfach rechnen kannst:
432 : 9 ≈ 450 : 9 = 50

**9** Überschlage die Ergebnisse.
a) 581 : 7
b) 621 : 9
c) 2740 : 4
d) 3488 : 8
e) 3914 : 19
f) 3122 : 14

**10** Überschlage.
In welche Kiste gehört die Aufgabe?
**Tipp** Du brauchst nicht zu rechnen.

**Tipp** Runde die Zahlen in der Aufgabe, sodass du einfach rechnen kannst.

**11** Dividiere schriftlich.
**Tipp**

a) 192 : 12
b) 1452 : 12
c) 7172 : 11
d) 3055 : 13

Lösungen: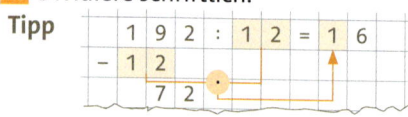

**Tipp** Die Multiplikationsreihe hilft:

| 12 | 24 | 36 | 48 | 60 | 72 | 84 | 96 | 108 | 120 |

**12** Ergänze im Heft.
a) ■ · 2 = 658  b) 8 · ■ = 5584
c) ■ : 5 = 32  d) 135 : ■ = 3

**Tipp** Die Umkehraufgabe hilft dir dabei.

**13** Schöne Ergebnisse.
a) 2244 : 2  b) 6699 : 3
c) 13 376 : 4  d) 22 275 : 5
e) 39 930 : 6  f) 46 739 : 7
g) Erfinde eigene Aufgaben mit schönen Ergebnissen.

**Tipp** Hier haben sich die Ergebnisse von a) und b) versteckt:
1111  1122  1133  1144  1155  1166
1177  1188  1199  2211  2222  2233
2244  2255  2266  2277  2288  2299

**Methode** Division mit Rest

```
  2 9 5 : 3 = 9 8   Rest 1
- 2 7
    2 5
  - 2 4
      1   Es bleibt 1 übrig.
```

**14** Erklärt euch das Beispiel 295 : 3.
a) Warum bleibt ein Rest bei der Division?
b) Dividiere schriftlich.
   Prüft gegenseitig eure Lösungen.
   ① 391 : 2
   ② 615 : 4
   ③ 450 : 7

**15** Dividiere schriftlich.
**Tipp** Es bleibt 8-mal ein Rest.

|      | : 2 | : 3 | : 5 | : 6 | : 8 |
|------|-----|-----|-----|-----|-----|
| 72   |     |     |     |     |     |
| 284  |     |     |     |     |     |
| 1095 |     |     |     |     |     |

**Tipp** Bei den bunten Feldern bleibt ein Rest übrig.

**16** Übertrage die Tabelle ins Heft.
Sechs Aufgaben kannst du ohne Rest lösen.
Male die Felder bunt aus.

| 96 : 2 | 100 : 4 | 77 : 7 |
|--------|---------|--------|
| 101 : 5 | 69 : 3 | 217 : 5 |
| 44 : 3 | 202 : 2 | 193 : 2 |
| 82 : 4 | 165 : 5 | 91 : 3 |

**Tipp** Wenn du die richtigen Felder ausgemalt hast, entsteht ein Buchstabe.

**17** Ein Bauer sammelt aus seinem Hühnerstall in einer Woche 264 Eier ein.
Er verpackt die Eier in 6er-Kartons.

Wie viele Kartons mit jeweils 6 Eiern ergibt das?
Beantworte die Frage mit einer Rechnung.

**Tipp** Die Eier sollen gleichmäßig auf die Kartons aufgeteilt werden.

## Strategie Ergebnisse prüfen

Kann das Ergebnis stimmen?
Die Schüler prüfen das Ergebnis auf unterschiedliche Arten:

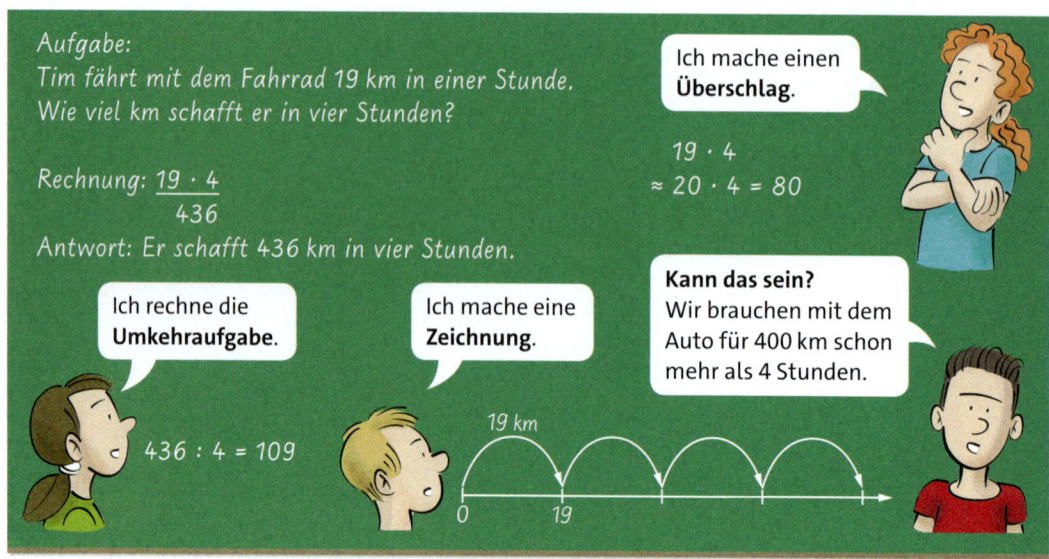

**ANWENDEN**

**1** Prüfe mit einem Überschlag.
a) 29 + 82 = 131
b) 61 − 19 = 22
c) 59 · 21 = 1239
d) 123 : 3 = 61

**Tipp** Runde die Zahlen erst sinnvoll. Achte bei der Division darauf, dass du einfach rechnen kannst.

**2** Prüfe mit der Umkehraufgabe.
a) 47 + 38 = 85
b) 92 − 58 = 24
c) 72 · 4 = 228
d) 756 : 9 = 84

**Tipp**

**3** Prüfe mit einer Zeichnung.
Ein Zaun ist insgesamt 8 m lang.
Alle 2 m wird ein Pfosten gesetzt.
Wie viele Pfosten braucht man dafür?
8 : 2 = 4
Man braucht 4 Pfosten.

**Tipp**

**4** Kann das sein? Begründe.
Frau Müller ist 169 cm groß.
Herr Müller ist 11 cm größer als seine Frau.
Dann ist Herr Müller 279 cm groß.

**Tipp** Herr Müller ist dann fast 3 m groß.

# Größen im Alltag

In diesem Kapitel lernst du, …

→ mit Euro und Cent zu rechnen.
→ Längen mit passenden Einheiten anzugeben und umzurechnen.
→ Gewichte zu vergleichen und umzurechnen.
→ Zeitspannen zu bestimmen und umzurechnen.

Ole wünscht sich ein Haustier.
Er fragt sich:
– Was kostet ein Haustier?
– Wie groß ist es am Anfang und wie viel wächst es noch?
– Kann ich es tragen, wenn es mal zum Tierarzt muss?
– Werden kleine Hunde älter als große Hunde?

## GRÖSSEN IM ALLTAG — GELD

**ANWENDEN**

**1** Welche Beträge gehören zusammen?

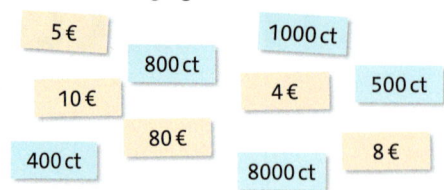

**Tipp** Schreibe: 1 € = 100 ct

**2** Rechne um.
**Tipp** Achte bei c) bis f) auf das Komma.
a) 7,50 € = ■ € ■ ct
b) 12,49 € = ■ € ■ ct
c) 250 ct = ■,■ €
d) 60 ct = ■,■ €
e) 4 ct = ■,■ €
f) 56 € 59 ct = ■,■ €

**Tipp** Vor dem Komma steht der Euro-Betrag, hinter dem Komma der Cent-Betrag.

**3** Zahle passend mit möglichst wenigen Scheinen und Münzen.
a) 3 €
b) 22 €
c) 130 €
d) 4,50 €
e) 2,70 €
f) 13,25 €

**Tipp**

**4** Ordne die Geldbeträge von klein nach groß.
**Starthilfe** Rechne erst alles in Cent um.
a) 35,50 €   20 €   10 ct   12 € 40 ct
b) 39,40 €   9,99 €   3300 ct   1 €   15,99 €

**Tipp**
zu a)   35,50 € = ■ ct
        20 € = ■ ct
        12 € 40 ct = ■ ct

**5** Erik kauft ein.

 3,90 €    1,89 €    5,80 €    1,45 €    3,10 €

Was muss er ungefähr bezahlen? Überschlage die einzelnen Preise und berechne.

**Methode** Geld addieren und subtrahieren
① Schreibe Komma unter Komma.
② Rechne schrittweise.
③ Ergänze im Ergebnis das Komma.

**6** Erklärt, wie hier gerechnet wurde.

a)
```
  1 6, 0 0 €
+    3, 5 0 €
─────────────
  1 9, 5 0 €
```

b)
```
  2 5, 9 9 €
−    6, 7 9 €
     1
─────────────
  1 9, 2 0 €
```

**7** Übertrage und berechne im Heft.

a)
```
  2, 5 0 €
+ 1, 4 0 €
──────────
```

b)
```
  2 4, 9 2 €
−    8, 8 0 €
──────────────
```

c) 4,40 € + 12,32 €   d) 12,49 € − 6,27 €

**Tipp** Schreibe Komma unter Komma.

# Strategie  Sachaufgaben lösen

Viele Fragen und Aufgaben aus dem Alltag können mithilfe der Mathematik gelöst werden. Dafür übersetzt man die Sprache in eine mathematische Sprache und wieder zurück.

> **Beispiel 1** Familie Becker möchte zwei Wochen Urlaub an der Nordsee machen.
> Sie findet dieses Angebot:
> Das Ferienhaus kostet pro Woche 610 €.
> Die Endreinigung kostet zusätzlich 52,50 €.
> Wie viel Euro kostet das Ferienhaus?

Diese fünf Schritte helfen dir beim Lösen der Aufgabe.

| | | Das kann dir helfen | Beispiel |
|---|---|---|---|
| ① | **Text genau lesen** | Was ist wichtig? Unterstreiche Wichtiges oder schreibe es ins Heft. Gib die Aufgabe mit eigenen Worten wieder. | Familie Becker möchte **zwei Wochen** Urlaub an der Nordsee machen. Sie findet dieses Angebot: Die Ferienwohnung kostet **pro Woche 610 €**. Die Endreinigung kostet **zusätzlich 52,50 €**. Wie viel Euro kostet das Ferienhaus? |
| ② | **sich einen Überblick verschaffen** | Was ist gegeben? Was ist gesucht? | *gegeben:* 2 Wochen Urlaub, pro Woche 610 €, zusätzlich 52,50 € <br> *gesucht:* Kosten für das Ferienhaus? |
| ③ | **Rechnung aufstellen und lösen** | Achte auf Hinweise und Schlüsselwörter im Text. Zeichnungen oder Skizzen können dir auch helfen: – Tabelle – Rechenbaum – Grundriss – … | pro Woche bedeutet Multiplikation: · <br> zusätzlich bedeutet Addition: + <br><br> 2   610   52,50 <br><br> Rechnung:  2 · 610 + 52,50 <br> = 1220 + 52,50 <br> = 1272,50 |
| ④ | **Ergebnis überprüfen** | Hierfür gibt es verschiedene Möglichkeiten: – Ergebnis überschlagen – Umkehraufgabe rechnen – … | Überschlag:  2 · 610 + 52,50 <br> ≈ 2 · 600 + 50 = 1250 <br><br> *Das stimmt ungefähr mit meinem Ergebnis von 1272,50 € überein.* |
| ⑤ | **Antwortsatz schreiben** | Überprüfe, ob deine Antwort zur Frage passt. Denke an die Einheit, wenn nach einer Größe gefragt wird. | Frage: Wie viel Euro kostet das Ferienhaus? <br> Antwort: Das Ferienhaus kostet 1272,50 €. |

**Hinweis**
Eine Skizze ist eine Zeichnung, die nicht so genau sein muss.

## GRÖSSEN IM ALLTAG — SACHAUFGABEN LÖSEN

**ANWENDEN**

**1** Lukas hat Wichtiges unterstrichen. Was sagst du dazu?
Die Klasse **5 b** bestellt **Pizza**.
Jeder der **23 Schüler** und die beiden Lehrerinnen
bekommt ein Stück Pizza für **3 €** und ein Getränk für 1 €.
Wie viel müssen sie bezahlen?

**2** Was ist gegeben? Und was ist gesucht?
Das Klassenzimmer der 5 a ist im 2. Stock.
Der Klassenlehrer heißt Herr Müller.
Er ist 42 Jahre alt.
Im Klassenzimmer gibt es 5 Fenster,
4 Gruppentische und 24 Stühle.
Wie viele Stühle passen an einen
Gruppentisch?

**Tipp** Welche Informationen sind wichtig,
um die Frage zu beantworten?
– Das Klassenzimmer ist von der 5 a.
– Das Klassenzimmer ist im 2. Stock.
– Der Klassenlehrer heißt Herr Müller.
– …

**3** Emil bekommt jeden Monat 20 € Taschengeld. Zusätzlich mäht er den Rasen.
Dafür bekommt er jede Woche 8 €.
Wie viel Geld bekommt Emil jeden Monat?

① 
| Taschengeld | 20 € |
| Rasen mähen | 4 · 8 € |
| insgesamt | 52 € |

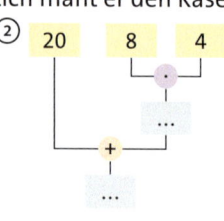

a) Erkläre die drei Zeichnungen.
b) Welche Zeichnung gehört zur Aufgabe?
   Begründe deine Antwort. Welche Wörter haben dir dabei geholfen?
c) Erfinde eigene Sachaufgaben zu den restlichen Zeichnungen.

**4** Mia bekommt Taschengeld: je Monat 15 €.
Zusätzlich bekommt sie 40 € zum Geburtstag.
Wie viel bekommt sie im Jahr?

**Tipp** Achte auf Schlüsselwörter.
12 Monate **je** 15 €, **zusätzlich** 40 €
          ·              +

12 · 40 + 15          12 · 15 + 40
          12 + 15 · 40

Welche Rechnung gehört zur Aufgabe?

**5** Ein Kino verkauft 15 Karten zu 10 € und
20 Karten zu 8 €.
Wie viel Geld ist in der Kasse?
*Rechnung:* 15 + 20 = 35 Karten
           10 € + 8 € = 18 €
           35 · 18 € = 630 €
Prüfe das Ergebnis.

**Tipp**

| Anzahl | eine Karte kostet | alle Karten kosten |
|---|---|---|
| 15 | ■ € | ■ € |
| 20 | ■ € | ■ € |
| insgesamt | | ■ € |

**6** Familie Müller möchte in Paris
Urlaub machen.
Sie wollen 3 Tage fahren.
Die Ferienwohnung kostet pro Tag
110 €.
Die Endreinigung kostet 85 €.
Wie viel Euro kostet die
Ferienwohnung insgesamt?

**Tipp** Denke an die 5 Schritte:
① Unterstreiche Wichtiges.
② gegeben: ?    gesucht: ?
③ Stelle eine Rechnung auf.
④ Prüfe dein Ergebnis.
⑤ Schreibe einen Antwortsatz.

## GRÖSSEN IM ALLTAG — LÄNGE

**ANWENDEN**

**1** Ordne den Fahrzeugen die richtige Länge zu. Schreibe passende Sätze ins Heft.

5 dm   14 m   6 m   40 mm   300 m   19 cm   80 cm

**2** Rechne in die nächstkleinere Einheit um.
**Tipp** mit der Umrechnungszahl multiplizieren   · 10   2 m = ■ dm
a) 7 cm = ■ mm   b) 3 m = ■ dm
c) 4 dm = ■ cm   d) 21 cm = ■ mm
e) 30 dm = ■ cm   f) 800 m = ■ dm

**Tipp** 2 m = ■ dm
Die Einheiten werden **kleiner**.
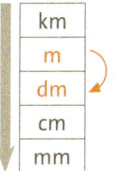
Wir **multiplizieren**: Die Zahl wird **größer**.

*Nachgedacht*
*Tom sagt:*
*„Ich ergänze oder streiche einfach eine Null."*
*Was meint er damit?*

**3** Rechne in die nächstgrößere Einheit um.
**Tipp** durch die Umrechnungszahl dividieren   : 10   50 cm = ■ dm
a) 90 cm = ■ dm   b) 50 dm = ■ m
c) 60 mm = ■ cm   d) 800 cm = ■ dm
e) 1010 dm = ■ m   f) 30 000 mm = ■ cm

**Tipp** 50 cm = ■ dm
Die Einheiten werden **größer**.
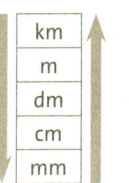
Wir **dividieren**: Die Zahl wird **kleiner**.

**4** Ist das die nächstgrößere oder nächstkleinere Einheit? Rechne dann um.
a) 8 m = ■ dm   b) 20 mm = ■ cm
c) 5 cm = ■ mm   d) 4 m = ■ dm
e) 70 dm = ■ m   f) 10 mm = ■ cm

**Tipp**
Die Einheiten werden **kleiner**.
Die Einheiten werden **größer**.

**5** Rechne km in m oder m in km um.
**Tipp** Achte auf die Umrechnungszahl.

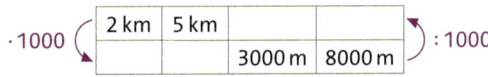

**Tipp** Hier ist die Umrechnungszahl **1000**.

**6** Rechne die Länge immer in die nächstkleinere Einheit um.
**Tipp** Achte auf die Reihenfolge der Einheiten und auf die Umrechnungszahlen.
a) 14 dm = ■ cm = ■ mm
b) 2 m = ■ dm = ■ cm = ■ mm
c) 83 dm = … = ■ mm
d) 3500 dm = … = ■ mm

**Tipp**
multiplizieren   dividieren

**Methode** Schrittweise umrechnen
Sind die Einheiten nicht benachbart, kannst du schrittweise umrechnen:

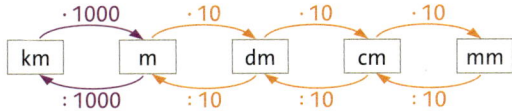

**7** Rechne schrittweise in die angegebene Einheit um.
**Tipp** 8 km = ■ m = ■ dm = ■ cm = ■ mm
a) 8 km = ■ mm   b) 12 m = ■ mm
c) 3000 mm = ■ m   d) 18 000 dm = ■ km

**8** Berechne schrittweise.

Tipp

|   | m | dm | cm | mm |
|---|---|----|----|-----|
|   | 1 | 10 | 100 | 1000 |
| a) | 3 |   |   | 3000 |
| b) | 15 |   |   |   |
| c) |   |   |   | 70 000 |

Tipp
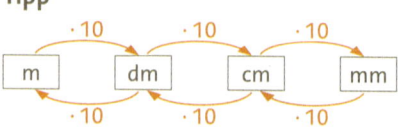

**Info Komma-Schreibweise bei Längen**
2,5 m bedeutet 2 m und 5 dm
2,5 dm = 2 dm 5 cm
2,5 cm = 2 cm 5 mm

**9** Schreibe ohne Komma.
a) 6,5 cm  b) 11,2 m
c) 30,5 m  d) 40,9 dm
e) 2,5 km  f) 0,5 cm

**10** Schreibe ohne Komma und rechne in die nächstkleinere Einheit um.
**Tipp** 2,5 cm = 2 cm 5 mm = 25 mm
a) 3,5 cm  b) 4,5 dm
c) 7,2 m   d) 3,545 km

Tipp

| km | m | dm | cm | mm |   |
|----|---|----|----|-----|---|
|    |   |    | 2, | 5   | 2 cm 5 mm |

*Erinnere dich*
*Das Krokodil frisst immer die größere Zahl.*

**Methode Längen vergleichen**
Wenn man zwei Längen vergleicht, müssen die beiden Einheiten gleich sein.
Rechne dafür am besten in die kleinere Einheit um.

**11** Vergleiche die Längen. Setze ein: < oder >.
a) 34 cm ▮ 345 mm
b) 706 dm ▮ 7006 cm
c) 6700 dm ▮ 67 m
d) 12 mm ▮ 1,1 cm

**12** Ordne die Längen von kurz nach lang.
**Tipp** Rechne erst alle Längen in die kleinste Einheit um.
a) 34 dm   30 mm   12 cm
b) 40 cm   120 mm   1 m   3 dm
c) 5 m   1500 cm   500 dm   15 000 mm

Tipp   45 dm   60 mm   15 cm
① Was ist die kleinste Einheit?   mm
② Rechne alle Längen um.
   4500 mm   60 mm   150 mm
③ Ordne von klein nach groß:
   60 mm   150 mm   4500 mm

**13** Cem und Clara machen eine 15 km lange Fahrradtour.
Sie sind schon 7 km gefahren.
Wie viele km müssen sie noch fahren?

Tipp
gegeben: ...
gesucht: ...
Rechnung: ...
Antwort: ...

**Methode Längen addieren und subtrahieren**
Wenn man Längen addiert oder subtrahiert, müssen die Einheiten gleich sein.

**14** Berechne.
a) 7 cm + 6 mm
b) 15,5 m + 23 dm
c) 23 mm + 25,1 cm
d) 18,3 cm + 24,5 dm + 100 mm

# GRÖSSEN IM ALLTAG

## Strategie  Schätzen mit Vergleichsgrößen

Nicht immer ist es möglich, eine Länge genau anzugeben oder zu messen.
Dann muss man die Länge schätzen. Dazu braucht man eine **Vergleichsgröße**.

> **Beispiel 1**  Wie groß ist der Leuchtturm?
> ① **Vergleichsgröße suchen:**
>   Ist die Fahne eine gute Vergleichsgröße?
>     Nein. Fahnen können unterschiedlich groß sein.
>   Ist der Mann eine gute Vergleichsgröße?
>     Ja. Man kann gut schätzen, wie groß der Mann ist.
> ② **Vergleichsgröße schätzen:**
>   Der Mann ist wahrscheinlich 1,80 m groß.
> ③ **Berechnung:**
>   Der Leuchtturm ist ungefähr 3-mal so groß wie der Mann.
>   Also: 3 · 1,80 m = 3 · 180 cm = 540 cm
> ④ **Antwortsatz:**
>   Der Leuchtturm ist ungefähr 5,40 m groß.

*Hinweis*
*Beim Multiplizieren rechne nur mit den Zahlen und ergänze die Einheit.*

## ANWENDEN

**1** Welche Vergleichsgröße ist besser? Begründe deine Antwort.

**Tipp**
Ist der Baum eine gute Vergleichsgröße?
    ▬, weil …
Ist der Mann eine gute Vergleichsgröße?
    ▬, weil …

**2** In welcher Höhe arbeitet der Kameramann? Schätze mit einer Vergleichsgröße.

**Tipp**
① Vergleichsgröße suchen
② Vergleichsgröße schätzen
③ Berechnung
④ Antwortsatz

**3** 👥 Schätzt gemeinsam: Wie hoch ist euer Schulgebäude? Begründet eure Schätzung.
**Tipp**  Schätzt zuerst die Höhe eures Klassenraum.

## GRÖSSEN IM ALLTAG  GEWICHT

**ANWENDEN**

**1** Wie schwer sind die Tiere? Ordne die Gewichte zu.

300 kg   5 t   25 g   1 g   6 kg

**2** Rechne die Gewichte um.
a) in die nächstkleinere Einheit:

Tipp  · 1000
9 t = ■ kg

① 4 t = ■ kg   ② 7 kg = ■ g
③ 12 t = ■ kg  ④ 16 kg = ■ g

b) in die nächstgrößere Einheit:

Tipp  : 1000
3000 g = ■ kg

① 4000 g = ■ kg    ② 6000 kg = ■ t
③ 18 000 g = ■ kg  ④ 50 000 kg = ■ t

**Tipp** Es ist einfach, mit 1000 zu multiplizieren oder durch 1000 zu dividieren.
Nullen ergänzen: 9 · 1000 = 9000

Nullen streichen: 30̸0̸0̸ : 10̸0̸0̸ = 3

**3** Welche Angabe ist richtig?

a) 5 kg = ■      5000 g oder 50 g

b) 2 kg = ■      20 g oder 2000 g

c) 5 t = ■       5000 kg oder 5000 g

d) 120 kg = ■    120 000 t oder 120 000 g

**Tipp**
Wird die Einheit **kleiner**, dann wird die Zahl **größer**: Wir multiplizieren.

Wird die Einheit **größer**, dann wird die Zahl **kleiner**: Wir dividieren.

**4** Rechne in die angegebene Einheit um.
**Tipp** Bei e) und f) musst du schrittweise umrechnen.
a) 67 t (kg)
b) 85 000 kg (t)
c) 123 kg (g)
d) 45 000 g (kg)
e) 79 000 000 g (t)
f) 8 t (g)

**Tipp**

multi-plizieren ↓ | t | ↑ dividieren
                   | kg |
                   | g |

**5** Berechne schrittweise.

|   | t | kg | g |
|---|---|----|---|
| a) | 8 |   |   |
| b) | 15 |  |   |
| c) |   |   | 9 000 000 |
| d) |   |   | 22 000 000 |

**Tipp** schrittweise berechnen:

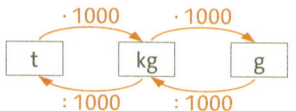

**6** Rechne um.
a) 1 kg 500 g = ■ g
b) 5 t 200 kg = ■ kg
c) 2 kg 300 g = ■ g
d) 6 t 400 kg = ■ kg

**Tipp** zu a) 1 kg 500 g
= ■ g + 500 g = ■ g

**7** Vergleiche. Setze ein: < oder >.
**Tipp** Rechne erst in die kleinere der beiden Einheiten um.
a) 35 kg ■ 53 000 g
b) 8000 g ■ 9 kg
c) 17 t ■ 16 000 kg
d) 56 000 g ■ 65 kg

**Tipp** zu a) 35 kg ■ 53 000 g
Was ist die kleinere Einheit? kg oder g?

g ist die kleinere Einheit. Also rechne ich die andere Angabe in g um.

### Methode  Mit Gewichten rechnen
Achte bei Addition und Subtraktion darauf, dass alle Einheiten gleich sind.
Beim Multiplizieren oder Dividieren rechne nur mit den Zahlen und ergänze die Einheit.

**8** Hat Antje alles richtig gemacht? Erkläre und verbessere die Fehler im Heft.
a) 6 kg + 500 g = 506 g
b) 2 kg − 600 g = 1 kg 400 g
c) 5 · 150 g = (5 · 150) g = 750 g
d) 600 t : 30 = (600 : 30) t = 20 kg

**Tipp**
a) und b): die Einheiten sind gleich
c) und d): zuerst umrechnen
e) und f): rechnen und die Einheit ergänzen

**9** Berechne.
a) 400 g + 150 g   b) 500 g − 250 g
c) 555 g + 3 kg    d) 7 t − 610 kg
e) 3 · 250 kg      f) 750 g : 3

**10** Eine Schale Weintrauben wiegt 500 g.

| Anzahl | Gesamtgewicht |
|---|---|
| 2 | |
| 3 | |
| 7 | |

**Tipp**
1 Schale wiegt 500 g.
2 Schalen wiegen 2-mal so viel.
3 Schalen wiegen …
…

**11** Wie schwer ist das Obst?
a)
b)

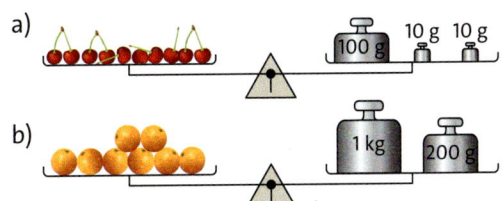

**Tipp** Die Waage ist im Gleichgewicht. Also sind die Kirschen genauso schwer wie die andere Seite.

**12** Wie schwer ist der Einkauf?

**Einkaufsliste**
2 kg Kartoffeln     500 g Möhren
250 g Tomaten       100 g Käse
1 kg 500 g Zwiebeln

**Tipp** Was ist die kleinste Einheit? Rechne alle Angaben um.

GRÖSSEN IM ALLTAG   ZEIT

**ANWENDEN**

**1** In welcher Einheit gibst du die Zeitspannen an? Begründe deine Antwort.
a) Dauer einer Englisch-Stunde
b) Zugfahrt nach Österreich
c) ein Herzschlag
d) dein Lieblingslied
e) ein Basketballspiel
f) eine Erdumdrehung

**2** Rechne die Zeitspannen um.
a) in die nächstkleinere Einheit:

Tipp   · 60
4 h = ■ min

① 6 h = ■ min   ② 12 h = ■ min
③ 7 min = ■ s   ④ 30 min = ■ s

b) in die nächstgrößere Einheit:

Tipp   : 60
120 s = ■ min

① 300 s = ■ min   ② 720 s = ■ min
③ 240 min = ■ h   ④ 1200 min = ■ h

Tipp
4 h = (4 · 60) min = 240 min

120 s = (120 : 60) min = 2 min

**3** Ergänze die Tabelle im Heft.

| Tage | 2 | 3 | 4 | 5 |
|---|---|---|---|---|
| Stunden | | | | |

Tipp  Mit welcher Umrechnungszahl rechnest du Tage in Stunden um?
1 Tag = ■ Stunden

**4** Rechne in die angegebene Einheit um.
Tipp  Bei f) musst du schrittweise umrechnen.

a) 48 h (Tage)   b) 10 min (s)
c) 180 s (min)   d) 5 h (min)
e) 730 Tage (Jahre)   f) 3 h (s)

Tipp  Achte auf die verschiedenen Umrechnungszahlen:

**5** Immer 2 Zeitspannen gehören zusammen.

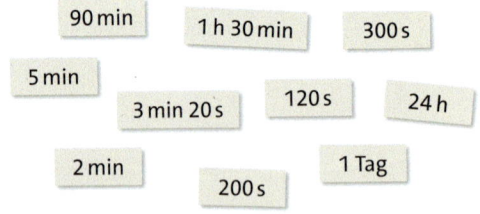

Tipp  Die zwei Zeitspannen sind in benachbarten Einheiten angegeben.

**6** Was dauert länger?
Begründe deine Antwort.
a) 48 h oder 3 Tage
b) 5 min oder 240 s
c) 150 min oder 2 h
d) 110 min oder 1 h und 10 min?

Tipp  Rechne erst in die kleinere der beiden Einheiten um.

**7** Addiere.
a) 1 h 10 min + 35 min
b) 2 h 18 min + 5 h
c) 1 min + 30 s + 50 s

Tipp  Rechne erst in die kleinste der beiden Einheiten um.

**8** Wie viel Zeit liegt dazwischen?
**Tipp** Erst die Minuten, dann die Stunden.
von  bis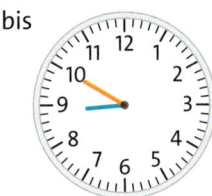

**Tipp** Rechne schrittweise:
Wie viele min?
von 15 min bis 50 min

Wie viele h?
von 2 Uhr bis 8 Uhr

**9** Ergänze den Fahrplan im Heft.

| | Abfahrt | Fahrzeit | Ankunft |
|---|---|---|---|
| a) | 6.35 Uhr | 15 min | |
| b) | 14.12 Uhr | 45 min | |
| c) | 10.10 Uhr | 2 h 40 min | |
| d) | 8.21 Uhr | 3 h 25 min | |
| e) | 7.30 Uhr | 40 min | |
| f) | 23.04 Uhr | 1 h 59 min | |

**Tipp** Erst die Minuten, dann die Stunden.

**10** Katarina kommt um 11.10 Uhr am Hauptbahnhof an.
Dann benötigt sie noch 45 Minuten mit der Straßenbahn zum Schwimmbad. Dort zieht sie sich um. Das dauert 15 Minuten.
Wann kann sie ins Wasser?

**Tipp**  45 min später   15 min später

**11** Kann das sein?
Begründe deine Antwort.
a) Leas Bruder ist 730 Tage auf der Welt.
b) Ein Wellensittich wird etwa 2190 Tage alt.
c) Familie Pachter ist 168 Stunden im Urlaub.

**Tipp** In welcher Einheit gibst du die Zeitspannen an? Rechne in diese Einheit um.

**12** Im Ferienlager gibt es verschiedene Kurse.

**THEATERSCHMINKEN**
Beginn: 16 Uhr
Dauer: 45 Minuten

**AKROBATIK**
Bitte seid 10 min früher da, um euch umzuziehen.
Beginn: 14.50 Uhr
Ende: 15.20 Uhr

**BOGENSCHIEßEN**
13 - 17 Uhr / jede volle Stunde
Dauer: 50 Minuten

**GRAFITTI**
Beginn: 14 Uhr
Dauer: 30 Minuten

*Zum Weiterarbeiten*
Karl möchte gerne bei allen Kursen mitmachen. Geht das?

a) Laurin hat beim Theaterschminken mitgemacht. Jetzt möchte er zum Bogenschießen. Schafft er es rechtzeitig?
b) Gülsen hat beim Grafitti mitgemacht. Jetzt möchte sie zum Akrobatik-Kurs. Schafft sie es rechtzeitig?
c) Pia ist am Schießstand. Sie möchte zum Grafitti. Wann soll sie losgehen?

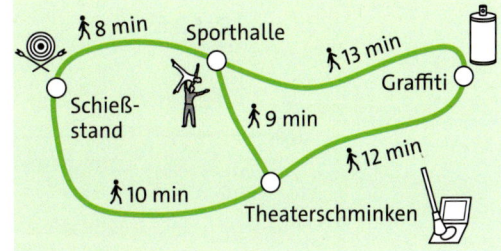

# GRÖSSEN IM ALLTAG

## ➕ Thema  Maßstab

Kleines wird oft **vergrößert** abgebildet. Großes wird oft **verkleinert** abgebildet.
Kannst du dir vorstellen, warum man das macht?

| Verkleinerung | **in Wirklichkeit** | Vergrößerung |
|---|---|---|

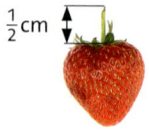

| in halber Größe | **in Originalgröße** | in doppelter Größe |
|---|---|---|

Für Verkleinerungen und Vergrößerungen wird ein **Maßstab** benutzt.

*1 zu 100*

Der Maßstab 1 : 100 bedeutet:
    1 cm im Bild entspricht 100 cm in Wirklichkeit. Es ist also eine **Verkleinerung**.

*2 zu 1*

Der Maßstab 2 : 1 bedeutet:
    2 cm im Bild entspricht 1 cm in Wirklichkeit. Es ist also eine **Vergrößerung**.

**Beispiel 1**  Maßstab 1 : 100

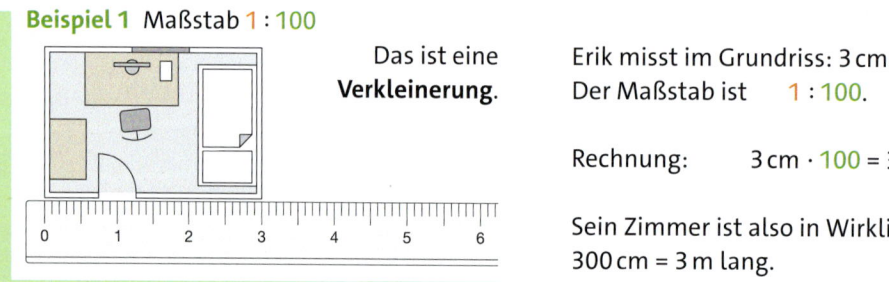

Das ist eine **Verkleinerung**.

Erik misst im Grundriss: 3 cm.
Der Maßstab ist     1 : 100.

Rechnung:     3 cm · 100 = 300 cm

Sein Zimmer ist also in Wirklichkeit
300 cm = 3 m lang.

**Beispiel 2**  Maßstab 2 : 1

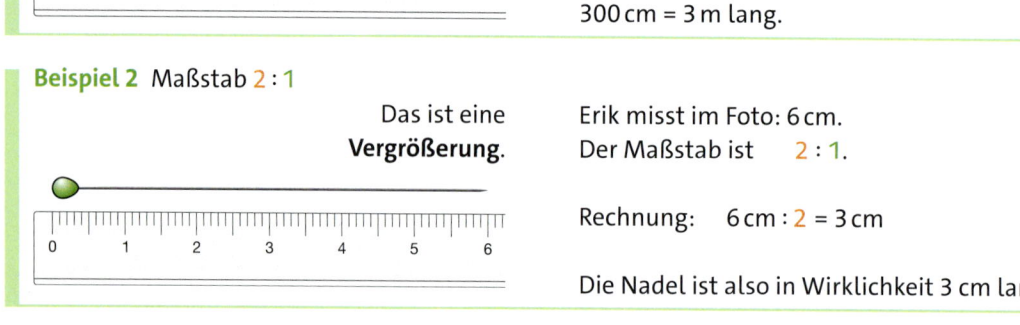

Das ist eine **Vergrößerung**.

Erik misst im Foto: 6 cm.
Der Maßstab ist     2 : 1.

Rechnung:     6 cm : 2 = 3 cm

Die Nadel ist also in Wirklichkeit 3 cm lang.

GRÖSSEN IM ALLTAG   MASSSTAB

**ANWENDEN**

**1** Sind die Tiere in Originalgröße abgebildet?
Oder sind sie verkleinert oder vergrößert worden?
Begründe.

**2** Ergänze den Text im Heft.
Die Küche ist ■ cm lang.
Der Maßstab ist 1 : 100.
Rechnung:
■ cm · 100 = ■ cm
Das Zimmer ist also in Wirklichkeit ■ cm = ■ m lang.

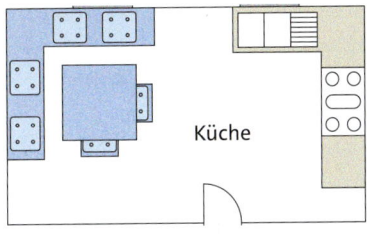

**Tipp** Miss die Küche mit dem Lineal.

**3** Ergänze den Text im Heft.
Der Käfer ist ■ cm lang.
Der Maßstab ist 2 : 1.
Rechnung:
■ cm : 2 = ■ cm
Der Käfer ist also in Wirklichkeit ■ cm lang.

**Tipp** Miss den Käfer mit dem Lineal.

**4** Berechne die Originalgröße.
a) Verkleinerung im Maßstab:
   1 : 200
   Lisa hat 4 cm gemessen.
b) Vergrößerung im Maßstab:
   10 : 1
   Moritz hat 50 cm gemessen.

**Tipp**
Bei einer Verkleinerung multiplizieren,
bei einer Vergrößerung dividieren.

**5** Berechne die Entfernungen auf dem Stadtplan in m.
**Tipp** Es sind 6 Entfernungen:
vom Rathaus bis zum Museum,
vom Rathaus bis zum Denkmal,
…

**6** Übertrage das Haus in Originalgröße. Vergrößere es dann noch einmal in doppelter Größe: Maßstab 2 : 1.

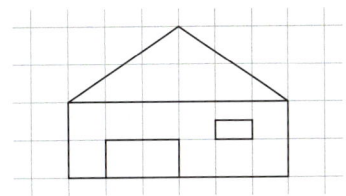
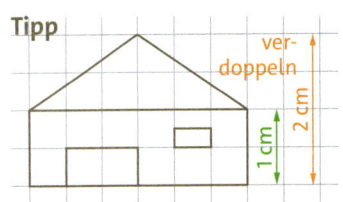

**Tipp**

# Flächen

**In diesem Kapitel lernst du, …**

→ Rechtecke und Quadrate zu beschreiben und zu zeichnen.
→ weitere besondere Vierecke zu erkennen.
→ den Umfang zu berechnen.
→ die Größe von Flächen zu vergleichen.
→ Flächenmaße umzurechnen.
→ die Größe von Rechtecken und Quadraten zu berechnen.

Mit diesen kleinen Fliesen kann man Wände oder Böden verlegen.
Welche Form haben die Fliesen?
Wie ordnet man die Fliesen am Boden an?
Und wie viele Fliesen braucht man,
wenn man 15 Reihen mit jeweils 30 Fliesen hat?

FLÄCHEN    RECHTECK UND QUADRAT

ANWENDEN

**1** Rechteck oder Quadrat?
Beschreibe sie.

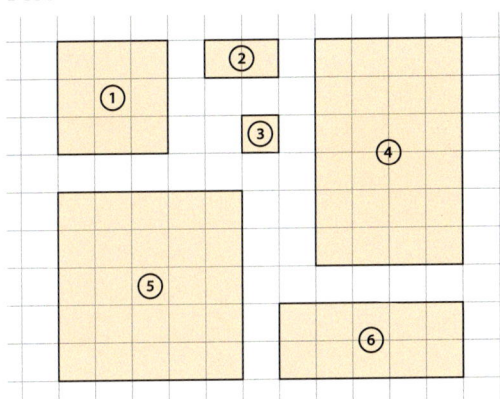

**Tipp**
3-mal ✓? Dann ist es ein **Rechteck**.

| alle Winkel rechte Winkel? | ■ |
| --- | --- |
| gegenüberliegende Seiten parallel? | ■ |
| gegenüberliegende Seiten gleich lang? | ■ |

3-mal ✓? Dann ist es ein **Quadrat**.

| alle Winkel rechte Winkel? | ■ |
| --- | --- |
| gegenüberliegende Seiten parallel? | ■ |
| alle Seiten gleich lang? | ■ |

**2** Finde verschiedene Rechtecke und Quadrate in deiner Umgebung (z. B. im Klassenraum, in der Schule, in deiner Schultasche).

**3** Übertrage ins Heft.
Ergänze zu einem Rechteck oder zu einem Quadrat. Beschrifte sie.

a)            b)

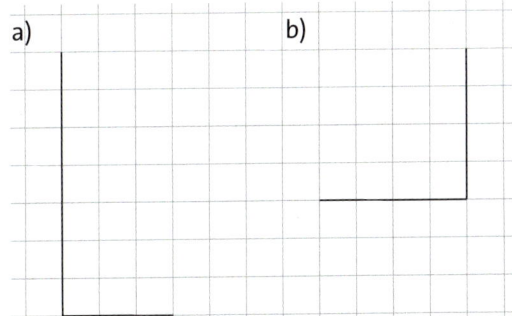

**Tipp** Zähle die Kästchen:
■ Kästchen nach rechts und
■ Kästchen nach oben.

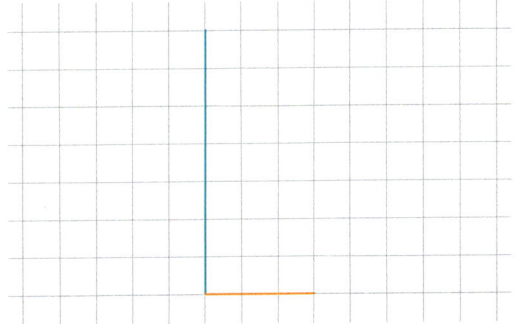

**4** Zeichne die Rechtecke und Quadrate.
Beschrifte sie.
a) Rechteck: a = 6 cm lang; b = 3 cm breit
b) Rechteck: a = 4 cm lang; b = 1 cm breit
c) Quadrat: a = 5 cm lang
d) Quadrat: a = 8 cm lang

**Tipp** Rechteck: a = 2 cm; b = 1 cm

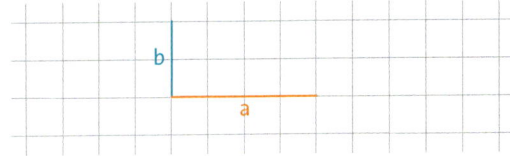

**5** 👥 Wie viele Rechtecke sind das?

**Tipp** Das ist auch ein Rechteck.

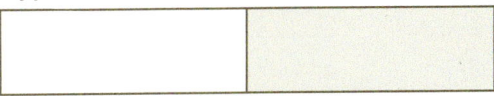

Also sind es insgesamt 3 Rechtecke.

**6** Zeichne ein Rechteck mit 12 Kästchen.
👥 Vergleicht eure Rechtecke.

**Tipp** Es gibt mehrere Lösungen.

FLÄCHEN   PARALLELOGRAMM, RAUTE, TRAPEZ UND DRACHEN

**ANWENDEN**

**1** Wie heißen die besonderen Vierecke?

Parallelogramm   Raute   Trapez   Drachen

Beschreibe sie.

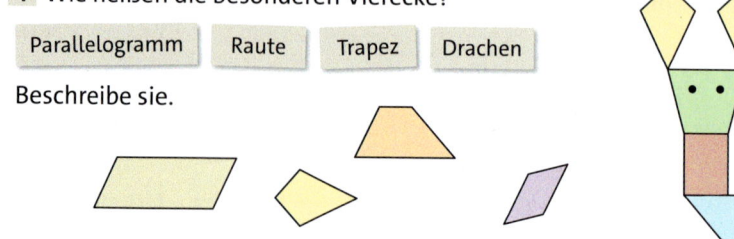

**2** Parallelogramm oder Raute? Begründe.
**Tipp** Das ist ▇, weil alle Seiten gleich lang sind und gegenüberliegende Seiten parallel zueinander sind.

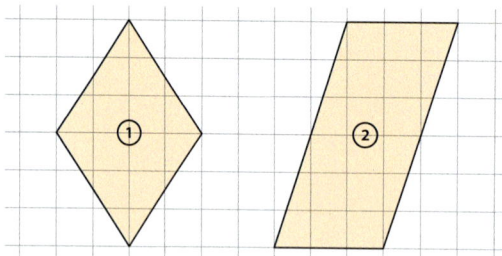

**Tipp**
2-mal ✓? Dann ist es ein **Parallelogramm**.

| gegenüberliegende Seiten parallel? | ▇ |
| gegenüberliegende Seiten gleich lang? | ▇ |

2-mal ✓? Dann ist es eine **Raute**.

| gegenüberliegende Seiten parallel? | ▇ |
| alle Seiten gleich lang? | ▇ |

**3** Drachen oder Trapez? Begründe.
**Tipp** Das ist ▇, weil es zwei Paare ▇ Seiten gibt. Diese liegen ▇.

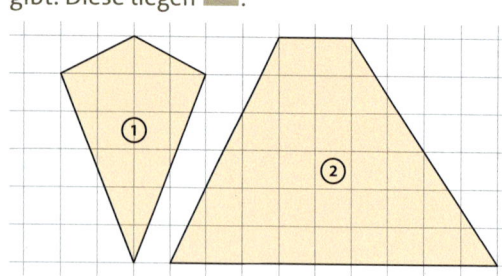

**Tipp**
2-mal ✓? Dann ist es ein **Drachen**.

| zwei Paare gleich langer Seiten? | ▇ |
| liegen die nebeneinander? | ▇ |

1-mal ✓? Dann ist es ein **Trapez**.

| 2 Seiten parallel? | ▇ |

**4** Übertrage ins Heft.
Ergänze zu einem Parallelogramm.

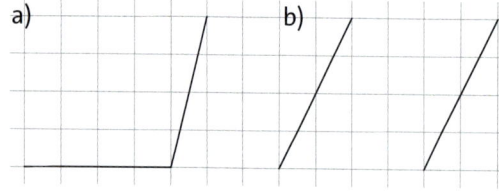

**Tipp** Zähle die Kästchen nach rechts und nach oben.

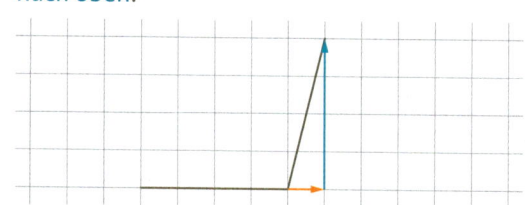

**5** Finde möglichst viele Rauten.

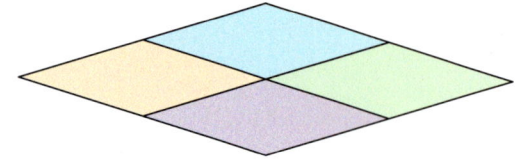

**Tipp** Eine Raute kann sich auch aus mehreren Rauten zusammensetzen.

**FLÄCHEN**   PARALLELOGRAMM, RAUTE, TRAPEZ UND DRACHEN

**6** Sind das alles Trapeze? Begründe.
**Tipp** ① ist ein Trapez, weil …

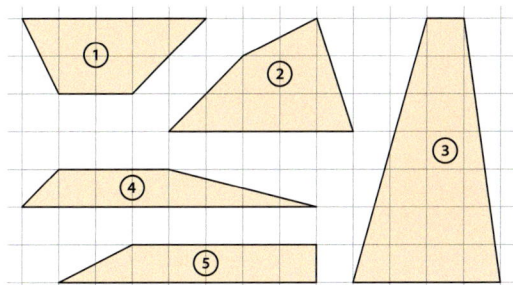

**Tipp**
Welche Eigenschaft hat ein Trapez?
Ist das hier auch so?
Falls ja, dann ist es ein Trapez.

**7** Übertrage ins Heft.
Ergänze zu einem Drachen.
a)       b)

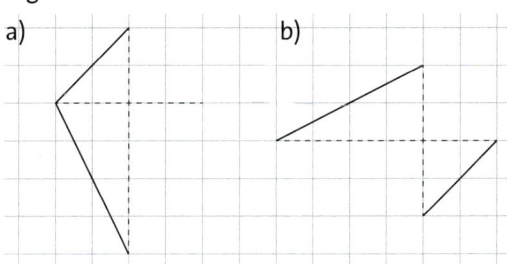

**Tipp** Übertrage zuerst die gestrichelten Linien. Verbinde dann.

**8** Welche besonderen Vierecke werden hier gesucht?

**Dringend gesucht**

Das Viereck hat vier gleich lange Seiten.

**Tipp**
Hat ein Quadrat vier gleich lange Seiten?
Hat ein Parallelogramm vier gleich lange Seiten?
Hat eine Raute vier gleich lange Seiten?
Hat ein Trapez vier gleich lange Seiten?
Hat ein Drachen vier gleich lange Seiten?

**9** 👥 Arbeitet zu viert. Legt das Viereck mit euren Geodreiecken.
Wie viele Geodreiecke braucht ihr dafür?
a) Quadrat
b) Rechteck
c) Parallelogramm
d) Trapez
e) Raute

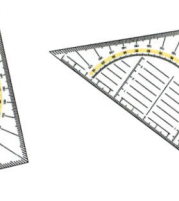

**10** Welche besonderen Vierecke sind hier versteckt?

**Tipp** Besondere Vierecke sind: Parallelogramm, Raute, Trapez, Drachen

FLÄCHEN  UMFANG

**ANWENDEN**

**1** Berechne den Umfang.

a) 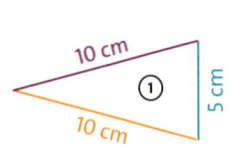  5 cm + 12 cm + 20 cm + 8 cm

b) 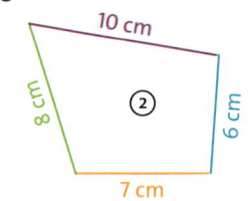  6 cm + 7 cm + 8 cm

**2** Berechne den Umfang.

**Tipp**
① u = ▪ cm + ▪ cm + ▪ cm
② u = ▪ cm + ▪ cm + ▪ cm + ▪ cm

**3** Miss die Seiten in cm. Berechne dann den Umfang.

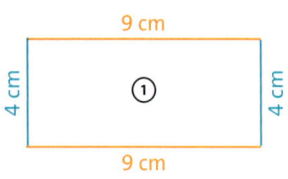 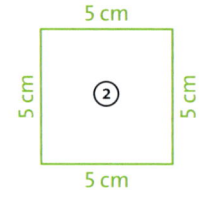

**Tipp**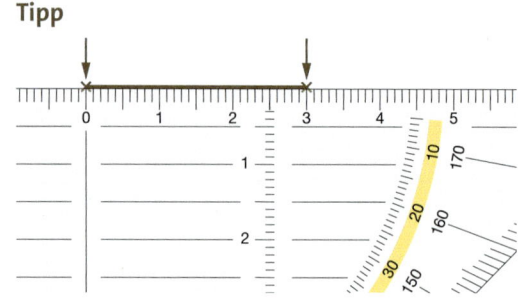

**4** Berechne den Umfang.

**Tipp**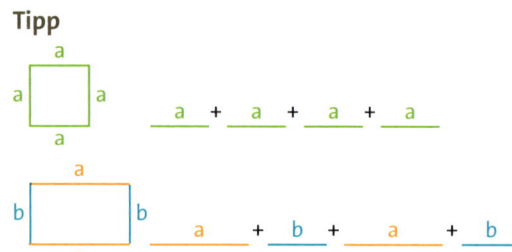

**Methode** kurze Umfangsformeln

**Rechteck:**
u = 2 · a + 2 · b

Länge a, Breite b

**Quadrat:**
u = 4 · a

Länge a

**5** Vergleiche und erkläre die Rechnungen.
a) Quadrat mit a = 2 cm
   Mia: u = 2 cm + 2 cm + 2 cm + 2 cm = 8 cm
   Andrej: u = 4 · 2 cm = 8 cm
b) Rechteck mit a = 7 cm und b = 5 cm
   Ole: u = 7 cm + 5 cm + 7 cm + 5 cm = 24 cm
   Cynthia: u = 2 · 7 cm + 2 · 5 cm = 24 cm
c) Welche Rechnung findest du einfacher? Begründe.

**6** Berechne den Umfang vom Quadrat.
a) a = 5 cm
b) a = 8 cm
c) a = 10 cm
d) a = 20 cm

**Tipp** u = ▪ cm + ▪ cm + ▪ cm + ▪ cm
oder  u = 4 · ▪ cm

**FLÄCHEN    UMFANG**

**7** Berechne den Umfang vom Rechteck.
a) a = 5 cm; b = 2 cm
b) a = 8 cm; b = 4 cm
c) a = 70 cm; b = 10 cm
d) a = 1 cm; b = 11 cm

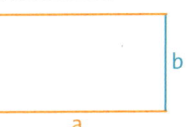

**Tipp**   u = ■ cm + ■ cm + ■ cm + ■ cm
oder   u = 2 · ■ cm + 2 · ■ cm

**8** Wie viel Meter Zaun muss man für das Kaninchengehege kaufen?

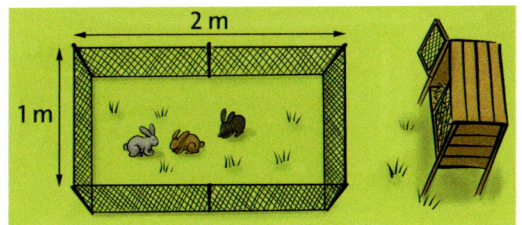

**Tipp**
gegeben:     Rechteck ■ m lang, ■ m breit
gesucht:     Umfang u
Rechnung:    u = 2 · ■ m + 2 · ■ m
Antwortsatz: ...

Denke an die Einheit.

**Hinweis**
Zeichnungen oder Skizzen können dir helfen.

**9** Antonio bastelt einen quadratischen Bilderrahmen.
Eine Seite soll 15 cm lang sein.
Berechne den Umfang.

**Tipp**
gegeben: ...
gesucht: ...
...

**10** Ein Rechteck hat einen Umfang von 26 cm. Wie lang und wie breit kann das Rechteck sein?
**Tipp** ■ cm lang, ■ cm breit
u = ■ cm + ■ cm + ■ cm + ■ cm = 26 cm
👥 Vergleicht eure Lösungen.

**Tipp** Du kannst auch die kurze Formel nehmen: ■ cm lang, ■ cm breit
u = 2 · ■ cm + 2 · ■ cm = 26 cm

**11** Aus einem 40 cm langem Draht soll ein Quadrat gebastelt werden.
Berechne die Seitenlänge des Quadrats.

**Tipp**  u = 4 · ■ cm = 40 cm

**Methode Umfang von zusammengesetzten Figuren**
Eine Figur kann sich auch aus verschiedenen Seiten zusammensetzen.
Man berechnet den Umfang, indem man **alle** Seitenlängen addiert.

**12** Wie viel Meter Zaun muss man für den Garten kaufen?

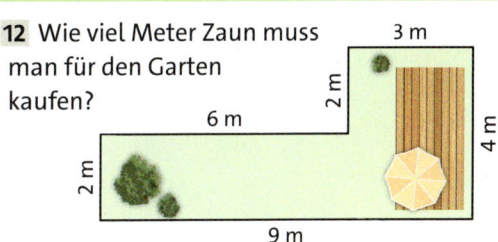

**Tipp**  u = 12 cm + 5 cm + 8 cm + ...

**13** Berechne den Umfang.

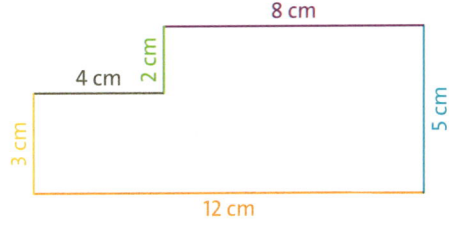

FLÄCHEN    FLÄCHENINHALTE VERGLEICHEN

ANWENDEN

**1** Aus wie vielen Kästchen besteht die Figur?

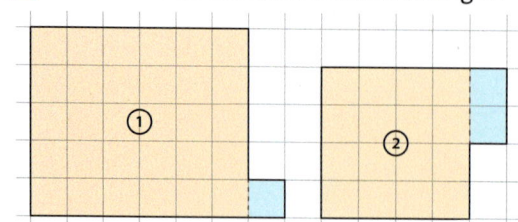

**Tipp** Zähle die Kästchen:
orange + türkis
■ Kästchen + ■ Kästchen = ■ Kästchen

**2** Welche Figur ist größer?
Begründe deine Antwort.

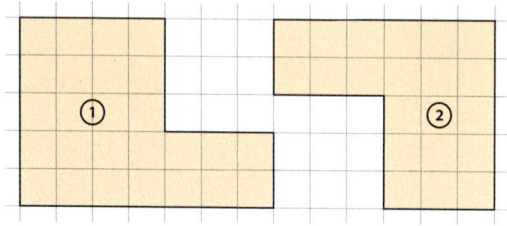

**Tipp** Zerlege geschickt und zähle die Kästchen.

**3** Aus wie vielen Kästchen besteht die Figur?

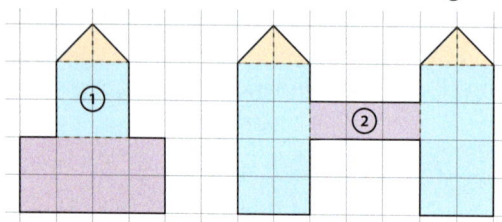

**Tipp** Zähle die ganzen Kästchen.
Rechne 2 halbe Kästchen zu einem ganzen Kästchen zusammen.

**4** Sind die Figuren gleich groß?
Übertrage die Figuren auf kariertes Papier.
Zerschneide Figur ① und zeige durch eine Zerlegung, dass beide Figuren gleich groß sind.

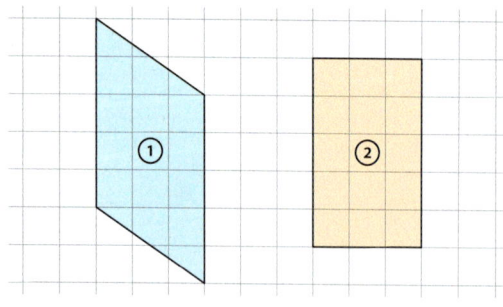

**Tipp** Du musst zweimal schneiden. Lege dann die neuen Dreiecke um.

**5** Wie viele Kästchen ist der Tintenklecks groß?
👥 Vergleicht eure Ergebnisse.
Wie wird das Ergebnis genauer?
Begründet eure Antwort.

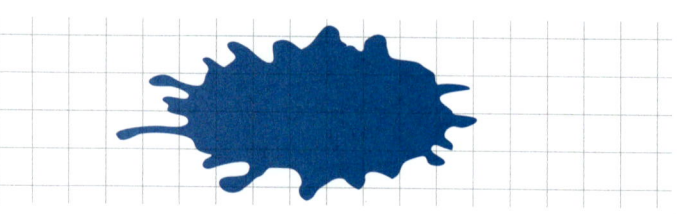

FLÄCHEN  FLÄCHENEINHEITEN

**ANWENDEN**

**1** Ordne zu. Schreibe Sätze wie im Tipp.
**Tipp** Eine Tafel ist ungefähr so groß wie ein Quadrat, das ▨ lang und ▨ breit ist. Die Tafel ist ▨ groß.

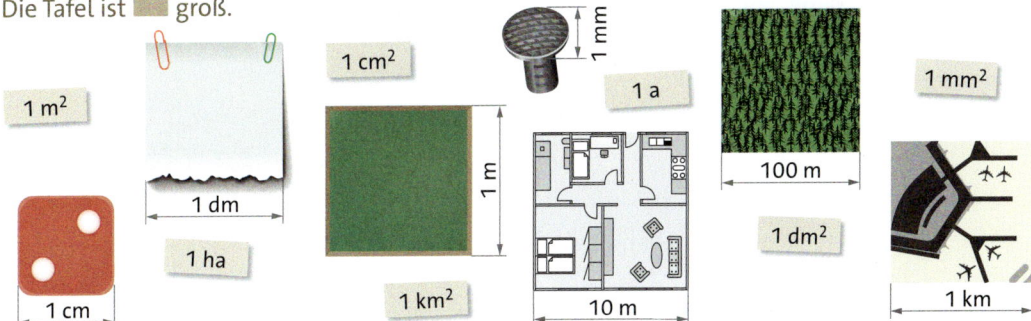

**2** Ordne die Flächeninhalte zu.

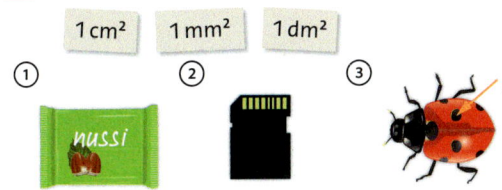

**Tipp** Eine CD-Hülle ist ungefähr so groß wie ein Quadrat mit einer Seitenlänge von 1 dm. also ist sie ▨ groß.

**3** Rechne den Flächeninhalt um.
a) in die nächstkleinere Einheit:
   ① 5 cm² = ▨ mm²
   ② 48 dm² = ▨ cm²
b) in die nächstgrößere Einheit:
   ① 100 mm² = ▨ cm²
   ② 8000 dm² = ▨ m²

**Tipp**
nächstkleinere Einheit: 2 Nullen ergänzen
nächstgrößere Einheit: 2 Nullen streichen

**4** Rechne in die angegebene Einheit um. Musst du multiplizieren oder dividieren?
a) 7 cm² = ▨ mm²
b) 900 dm² = ▨ m²
c) 40 dm² = ▨ cm²
d) 50 000 mm² = ▨ cm²

**Tipp**

multiplizieren  |  m² / dm² / cm² / mm²  |  dividieren

**5** Berechne schrittweise.

| | cm² | dm² | m² |
|---|---|---|---|
| a) | 20 000 | 200 | |
| b) | 10 000 | | |
| c) | | | 35 |
| d) | | 7000 | |

**Tipp** schrittweise berechnen:

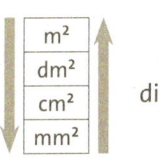

| cm² | dm² | m² |
|---|---|---|
| 10 000 | 100 | 1 |

· 100  · 100

**6** Setze die richtige Flächeneinheit ein.
a) 4 cm² = 400 ▨
b) 20 dm² = 2000 ▨
c) 10 m² = 1000 ▨
d) 7 ▨ = 700 cm²

**Tipp**

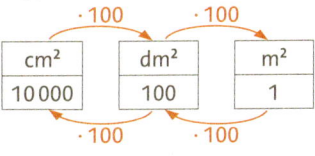

dm²   dm²   cm²   mm²

## FLÄCHEN — FLÄCHENINHALT VON RECHTECK UND QUADRAT

**ANWENDEN**

**1** Zeichne das Rechteck ins Heft.
Unterteile es in Streifen.
Berechne dann den Flächeninhalt A = a · b.
a) a = 3 cm; b = 2 cm
b) a = 2 cm; b = 4 cm
c) a = 3 cm; b = 5 cm
d) a = 6 cm; b = 3 cm
e) a = 5 cm; b = 2 cm

**Tipp**
① Wie viele Streifen? ■
② Wie groß ist ein Streifen? ■ cm²
③ Berechne: ■ · ■ cm² = ■ cm²

**2** Berechne den Flächeninhalt vom Rechteck.
a) a = 3 cm; b = 8 cm
b) a = 9 cm; b = 4 cm
c) a = 15 cm; b = 2 cm

**Tipp** A = ■ cm · ■ cm
A = ■ cm²

**Hinweis**
Kurze Flächenformel:
A = a · a = a²
Das nennt man Potenzschreibweise.

**3** Berechne den Flächeninhalt vom Quadrat.
a) a = 5 cm
b) a = 8 cm
c) a = 10 cm
d) a = 20 cm

**Tipp** A = ■ cm · ■ cm
A = ■ cm²

**4** Miss die Seiten in cm.
Berechne dann den Flächeninhalt.

**Tipp**
① Wie viele Streifen? ■
② Wie groß ist ein Streifen? ■ cm²
③ Berechne: ■ · ■ cm² = ■ cm²

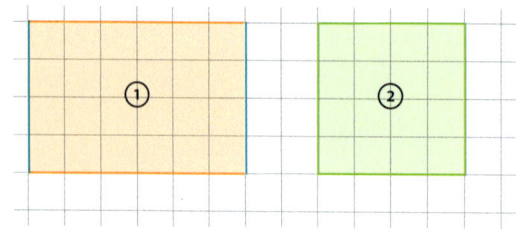

**5** Berechne die Größe des Grundstücks.

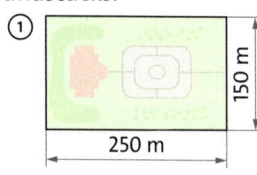
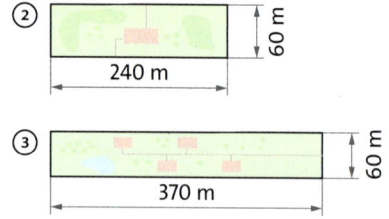
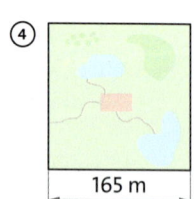

**6** Ein Garten ist 8 m lang und 6 m breit.
Wie groß ist das Grundstück?

**Tipp** Zeichne das Grundstück verkleinert ins Heft.

**7** Wie breit ist das Rechteck?

| | Länge | Breite | Flächeninhalt |
|---|---|---|---|
| a) | 2 cm | ■ cm | 6 cm² |
| b) | 5 cm | ■ cm | 15 cm² |
| c) | 8 cm | ■ cm | 32 cm² |
| d) | 5 cm | ■ cm | 25 cm² |

**Tipp**

| Länge | Breite | Flächeninhalt |
|---|---|---|
| 2 cm | ■ cm | 6 cm² |

Was muss ich mit 2 multiplizieren, damit 6 herauskommt?

# Strategie  Aussagen begründen

Wenn man in der Mathematik etwas sagt, muss man das oft auch begründen.
*„Das ist richtig, weil …"*   *„Das ist falsch, denn …"*   *„Das muss stimmen, da …"*

**1** Sammelt weitere Satzanfänge zum Begründen.

**2** Aber nicht alle Begründungen sind richtig oder ausreichend.
Welche Begründungen sind falsch?
Welche Begründungen sind ausreichend?

Man kann eine Aussage unterschiedlich begründen:

**Beispiel 1** mit den **Eigenschaften** begründen
**Aussage:**
Das ist ein Trapez.

*Die Aussage ist richtig.*
**Begründung:**

| zwei Seiten parallel? | ✓ |

*Ja, die grünen Seiten sind parallel.*

*Es ist also ein **Trapez**.*

**Hinweis**
Lies im Schülerbuch auf S. 136 nach, welche Eigenschaften ein **Trapez** hat.

**Beispiel 2** mit einer **Rechnung** begründen
**Aussage:**
Die beiden Rechtecke haben den gleichen Umfang.

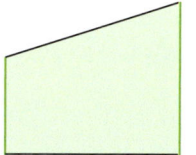

*Die Aussage ist falsch.*
*Begründung:*
① $u = 2 \cdot 15\,cm + 2 \cdot 20\,cm = 70\,cm$
② $u = 2 \cdot 10\,cm + 2 \cdot 30\,cm = 80\,cm$
*Der Umfang von Rechteck ① ist kleiner als der Umfang von Rechteck ②.*

**Beispiel 3** mit einer **Zeichnung** begründen
**Aussage:**
Die beiden Figuren haben den gleichen Flächeninhalt.

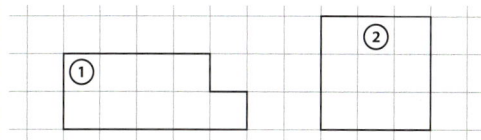

*Die Aussage ist richtig.*
*Begründung:*

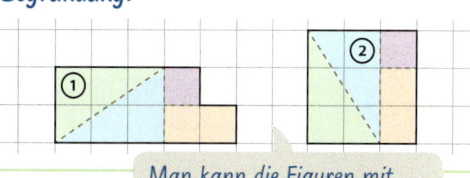

*Man kann die Figuren mit gleichen Teilflächen auslegen.*

FLÄCHEN   AUSSAGEN BEGRÜNDEN

ANWENDEN

**1** **Aussage:** Das ist ein Trapez.

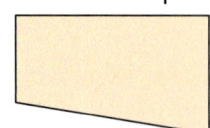

Begründe, indem du die Eigenschaften prüfst.

**Tipp** Prüfe die Eigenschaften:
1-mal ✓? Dann ist es ein **Trapez**.

| zwei Seiten parallel? | ■ |

**Info** **Alle Quadrate sind besondere Rechtecke.**
Das bedeutet:
Alle Eigenschaften von einem Rechteck sind auch Eigenschaften von einem Quadrat.

**2** **Aussage:** Alle Quadrate sind besondere Rechtecke.
Begründe die Aussage, indem du die Eigenschaften prüfst.

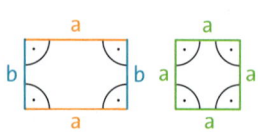

**3** **Aussage:** Das sind drei Rechtecke und zwei Quadrate.
Begründe mit den Eigenschaften.

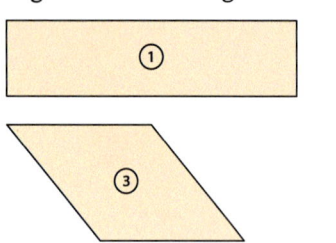
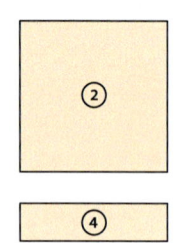

**Tipp** Prüfe die Eigenschaften:
3 mal ✓? Dann ist es ein **Rechteck**.

| alle Winkel rechte Winkel? | ■ |
| gegenüberliegende Seiten parallel? | ■ |
| gegenüberliegende Seiten gleich lang? | ■ |

**4** Welche Figur hat den größeren Umfang?
Stelle eine Behauptung auf.
Begründe mit einer Rechnung.

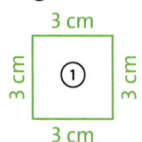
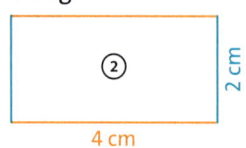

**Tipp** Quadrat:  u = 4 · ■ cm
Rechteck: u = 2 · ■ cm + 2 · ■ cm

**5** **Aussage:** Die Figuren sind gleich groß.
Ist die Aussage richtig?
Begründe mithilfe einer Zeichnung.

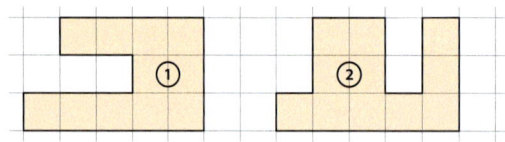

**Tipp** Übertrage die Figuren ins Heft und zerlege sie.

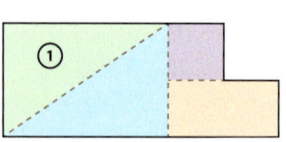
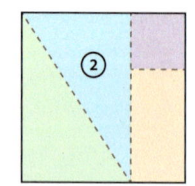

**Strategie** **Widerlegen mit einem Gegenbeispiel**
Wenn man zeigen will, dass eine Aussage falsch ist, reicht ein Beispiel aus.
Dieses Beispiel nennt man **Gegenbeispiel**.

**6** **Behauptung:** Wenn zwei Rechtecke den gleichen Flächeninhalt haben, dann haben sie immer auch denselben Umfang.
Erkläre, dass das ein **Gegenbeispiel** ist.

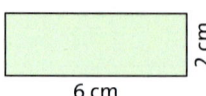
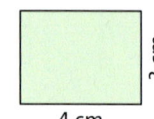

# FLÄCHEN

## ➕ Methode  Zusammengesetzte Figuren

**1** Beschreibe die Figuren. Aus welchen Vierecken setzen sich die Figuren zusammen?

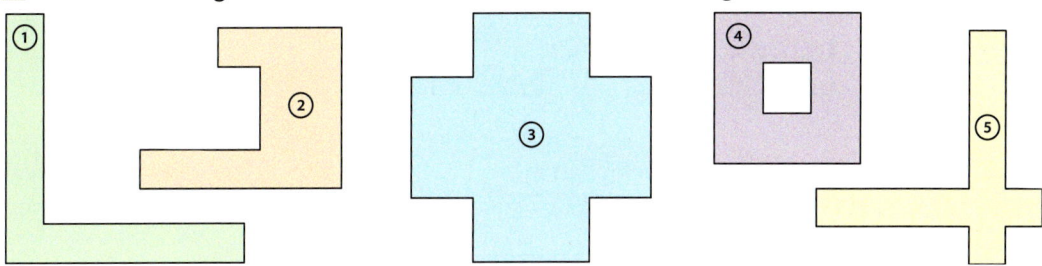

Um den Flächeninhalt von zusammengesetzten Figuren zu berechnen, gibt es zwei Methoden:

### Zerlegungsmethode
① Zerlege die Figur in Rechtecke und Quadrate.

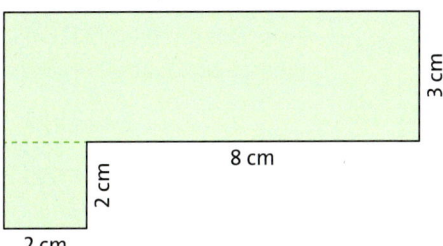

② Berechne die Flächeninhalte:
    Rechteck und Quadrat
③ Addiere die Flächeninhalte:
    Rechteck + Quadrat

### Ergänzungsmethode
① Ergänze die Figur zu einem Rechteck oder Quadrat.

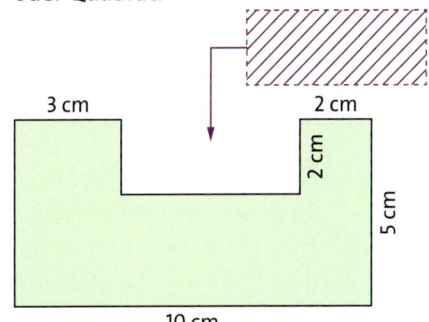

② Berechne die Flächeninhalte:
    großes Rechteck und kleines Rechteck
③ Subtrahiere die Flächeninhalte:
    großes Rechteck − kleines Rechteck

### Beispiel 1
①  Hier fehlt eine Seitenlänge: 2 cm + 8 cm = 10 cm

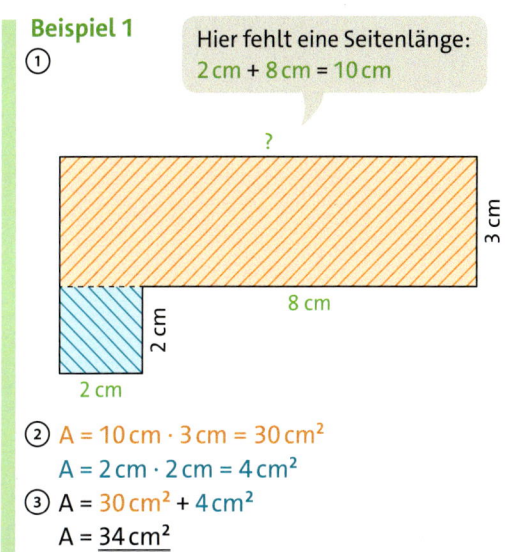

② A = 10 cm · 3 cm = 30 cm²
   A = 2 cm · 2 cm = 4 cm²
③ A = 30 cm² + 4 cm²
   A = <u>34 cm²</u>

### Beispiel 2
①  Hier fehlt eine Seitenlänge: 3 cm + 5 cm + 2 cm = 10 cm

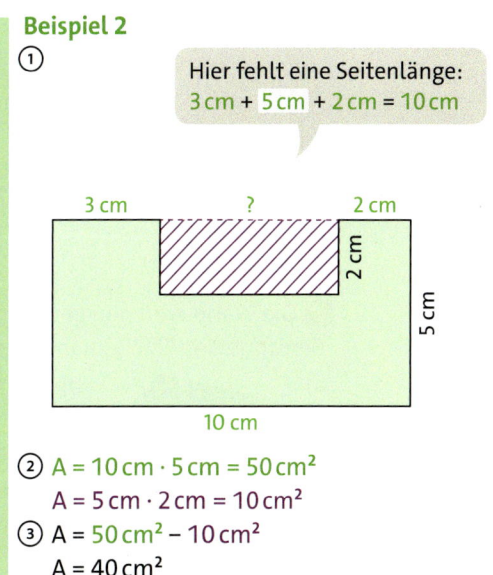

② A = 10 cm · 5 cm = 50 cm²
   A = 5 cm · 2 cm = 10 cm²
③ A = 50 cm² − 10 cm²
   A = <u>40 cm²</u>

FLÄCHEN  ZUSAMMENGESETZTE FIGUREN

ANWENDEN

**1** Übertrage ins Heft. Zeichne verschiedene Zerlegungen ein und beschreibe sie.

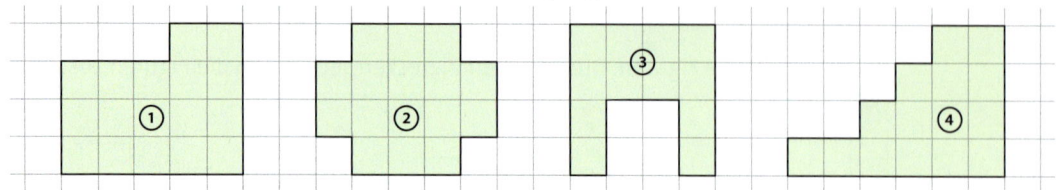

**2** Berechne den Flächeninhalt mit der Zerlegungsmethode.

**Tipp** Bei ② fehlt eine Seitenlänge. Die muss man vorher noch berechnen.

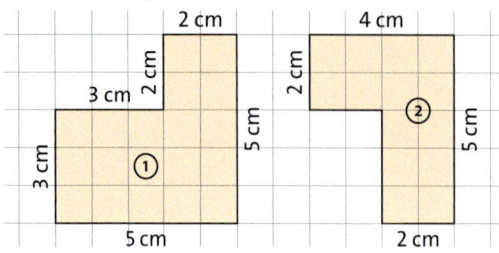

**3** Berechne den Flächeninhalt mit der Ergänzungsmethode.

**Tipp** Du musst einmal ein Rechteck und einmal ein Quadrat ergänzen.

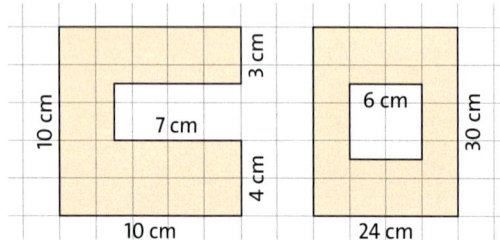

**4** Berechne den Flächeninhalt. Welche Methode wählst du? Begründe.

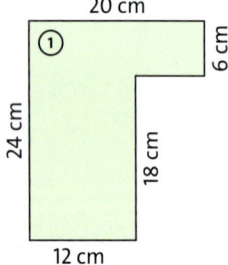
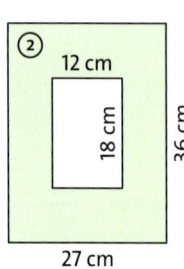
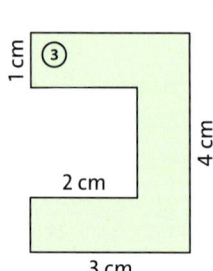
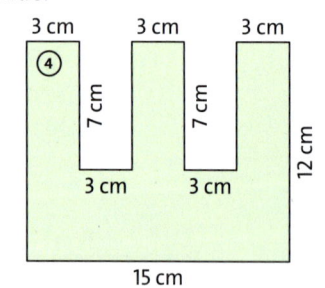

**5** Die Wand wird neu gestrichen. Berechne den Flächeninhalt der Wand in $m^2$.

**Tipp** Zeichne die Hauswände ins Heft. Das Fenster wird nicht gestrichen.

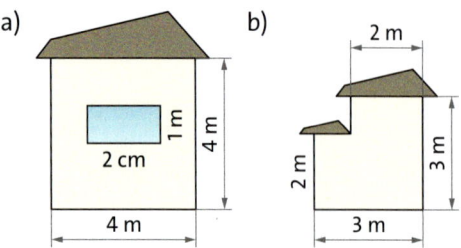

# Brüche

**In diesem Kapitel lernst du, ...**

→ Anteile von einem Ganzen zu erkennen und zu zeichnen.
→ Anteile zusammenzufassen.
→ Anteile von Größen zu bestimmen.

Der Regenschirm besteht aus vielen bunten Teilen.
Wie viele Teile hat der Regenschirm?
Wie sehen diese Teile aus?
Was haben alle Teile gemeinsam?
Wie sieht ein Regenschirm aus, der aus acht Teilen besteht?

**BRÜCHE** — BRÜCHE ALS TEILE VOM GANZEN

ANWENDEN

**1** Wie heißt der Bruch?
Schreibe den Bruch mit Zahlen und in Worten.

a) 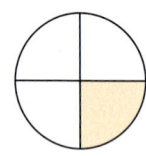   b)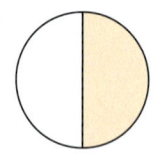

c) 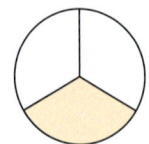   d)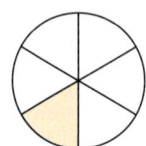

**Tipp** Der Kreis ist in 5 gleich große Teile geteilt.

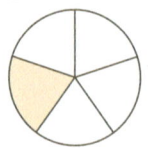 $\frac{1}{5}$ ein Fünftel

**2** Warum ist das alles $\frac{1}{2}$?

a) 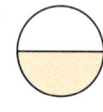   b)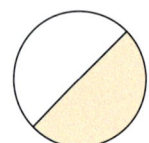

c)    d)

**Tipp** Alle Figuren sind in ■ gleich große Teile geteilt.

**3** Wo ist $\frac{1}{3}$ abgebildet? Begründe.

a) 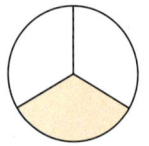   b)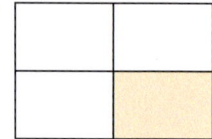

c) 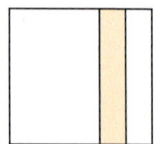   d)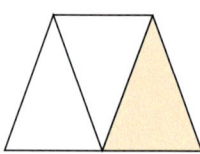

**Tipp** $\frac{1}{3}$ heißt: 3 gleich große Teile

**4** Übertrage die Rechtecke ins Heft.
Male den Anteil bunt.

a) $\frac{1}{2}$   b) $\frac{1}{3}$   c) $\frac{1}{6}$

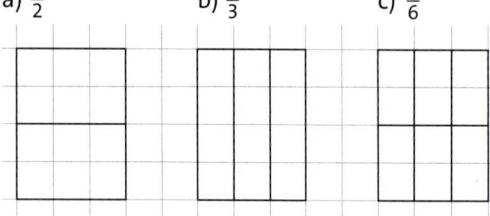

**Tipp**
① Prüfe, ob das Rechteck in gleich große Teile eingeteilt ist.
② Male einen Teil bunt an.

**5** Zeichne zwei Quadrate mit der Seitenlänge von 6 Kästchen.
Zeichne den Bruch unterschiedlich ein: $\frac{1}{2}$

**Tipp** Im Quadrat sind alle Seiten gleich lang.

BRÜCHE   BRÜCHE ZUSAMMENFASSEN

**ANWENDEN**

**1** Ordne zu und lies laut vor.

**Tipp** Der Bruch heißt drei Fünftel.

**Hinweis**
Der **Z**werg sitzt auf dem **N**ilpferd.

**2** Was bedeutet $\frac{3}{5}$?

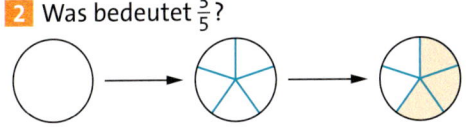

**Tipp** Das Ganze wurde in ■ gleich große Teile geteilt.
Davon werden ■ Teile genommen.

**3** Ordne die Brüche zu.

a) $\frac{3}{4}$   b) $\frac{2}{3}$   c) $\frac{5}{7}$   d) $\frac{4}{5}$

① 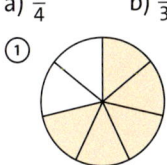   ②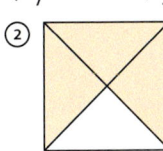

③ 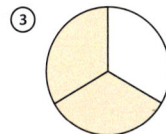   ④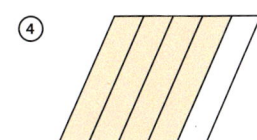

**Tipp**
Zähler: Wie viele Teile sind orange?
Nenner: Wie viele gleich große Teile sind es?

**4** Wie heißt der Bruch?

① 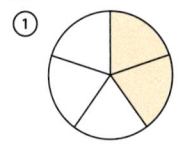   ②

③ 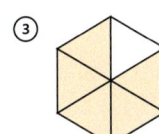   ④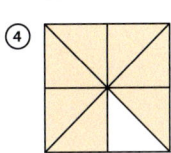

**Tipp** In wie viele gleich große Teile ist das Ganze geteilt?
Wie viele Teile werden genommen?

**5** Übertrage die Rechtecke ins Heft.
Male den Anteil bunt.

a) $\frac{3}{4}$   b) $\frac{2}{5}$   c) $\frac{5}{8}$

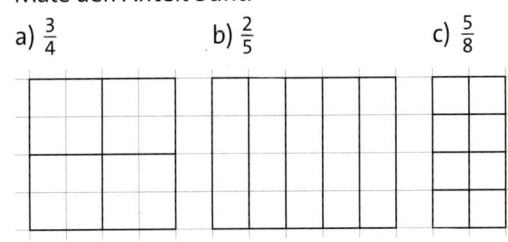

**Tipp**
① Prüfe, ob das Rechteck in gleich große Teile eingeteilt ist.
② Male ■ Teile bunt an.

**6** Zeichne ein Rechteck ins Heft: 3 cm lang und 2 cm breit. Male $\frac{5}{6}$ bunt.

**Tipp**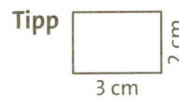

**Tipp** Überlege zuerst, wie du das Rechteck einteilst.

**BRÜCHE**    BRÜCHE ZUSAMMENFASSEN

**7** Zeichne jeweils einen Streifen mit einer Länge von 6 cm ins Heft.
Male den Anteil bunt.

a) $\frac{5}{6}$    b) $\frac{2}{3}$    c) $\frac{1}{2}$    d) $\frac{3}{4}$

**Tipp** Teile den Streifen gleichmäßig ein: Alle Teile sind gleich groß.

**8** Ordne den Farben des Regenschirms den passenden Bruch zu.
a) orange
b) weiß
c) blau
d) lila

**Tipp** zu a)
Wie viele Teile sind orange von den 10 Teilen?

**Info Ein Ganzes**
Sind Zähler und Nenner gleich, so erhält man ein **Ganzes**.

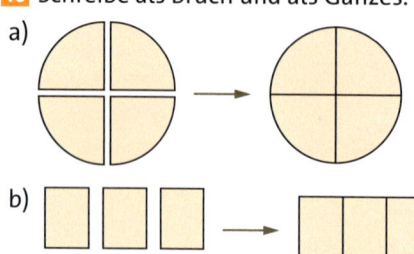

**9** Schreibe die Anzahl der Pizzastücke als Bruch und als Ganzes.

**Tipp** Schreibe so: $\frac{3}{3}$ = 1

a)     b)

**10** Schreibe als Bruch und als Ganzes.

a)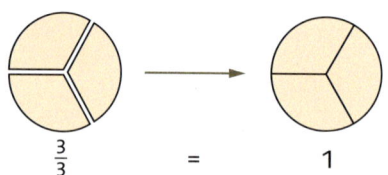

b)

**Tipp** Setze die Teile zu einem Ganzen zusammen. Wie viele Teile brauchst du dazu?

**Info Gemischte Zahlen**
Hat man mehr als ein Ganzes, schreibt man den Bruch als **gemischte Zahl**.

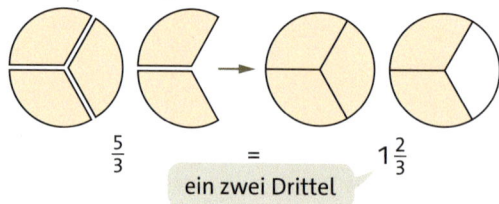

$\frac{5}{3}$ = $1\frac{2}{3}$
ein zwei Drittel

**11** Schreibe als Bruch und als gemischte Zahl.

a)

b)

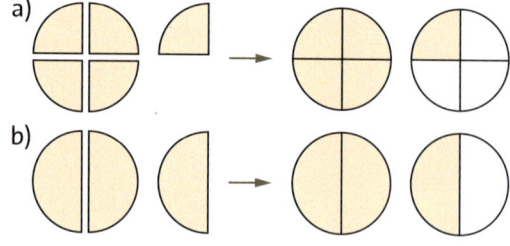

**12** Warum ist $\frac{7}{4}$ = $1\frac{3}{4}$? Erkläre.

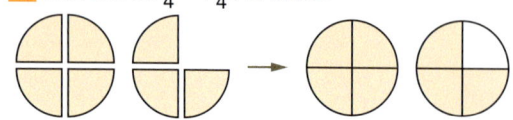

**Tipp** Es sind ■ gleich große Teile.
Ein Ganzes besteht aus ■ Teilen.
Es sind noch ■ Teile übrig.

BRÜCHE    ANTEILE VON GRÖSSEN

**ANWENDEN**

**1** Ordne die Brüche den Bildern zu. Erkläre.

$\frac{1}{4}$ h   $\frac{3}{4}$ l   $\frac{1}{2}$ m   $\frac{1}{4}$ kg   $\frac{1}{2}$ l   $\frac{1}{2}$ kg   $\frac{3}{4}$ h   $\frac{1}{4}$ m

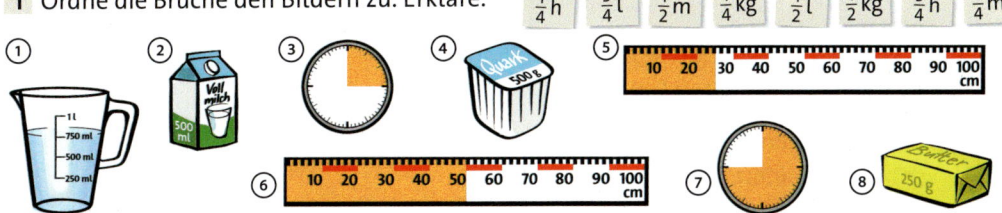

**2** Wie lang ist das?
a) Wie viel sind $\frac{5}{6}$ von 6 cm?

| 6 cm | | | | | |
|---|---|---|---|---|---|
| 1 m | 1 m | 1 m | 1 m | 1 m | 1 m |
| 1 m | 1 m | 1 m | 1 m | 1 m | 1 m |

**Tipp**
Wie viel sind $\frac{5}{6}$ von 6 cm?

| 1 cm | 1 cm | 1 cm | 1 cm | 1 cm | 1 cm |
|---|---|---|---|---|---|

■ cm

$\frac{5}{6}$ von 6 cm sind ■ cm.

b) Wie viel sind $\frac{3}{5}$ von 50 km?

| 50 km | | | | |
|---|---|---|---|---|
| 10 km | 10 km | 10 km | 10 km | 10 km |
| 10 km | 10 km | 10 km | 10 km | 10 km |

**Nachgedacht**
Timo sagt:
„Bei einem Bruch mit einer 1 im Zähler geht es viel schneller."
Was meint er damit?

**3** Wie lang ist das?
a) $\frac{2}{5}$ von 5 cm

| 1 cm | 1 cm | 1 cm | 1 cm | 1 cm |
|---|---|---|---|---|

b) $\frac{5}{6}$ von 60 m

| 10 m | 10 m | 10 m | 10 m | 10 m | 10 m |
|---|---|---|---|---|---|

**Tipp** zu b)
$\frac{5}{6}$ von 60 m

| 10 m | 10 m | 10 m | 10 m | 10 m | 10 m |
|---|---|---|---|---|---|

10 m + 10 m + 10 m + 10 m + 10 m = ■ m

**4** Zeichne einen passenden Streifen ins Heft.
Wie lang ist das?
a) $\frac{3}{5}$ von 10 cm
b) $\frac{3}{4}$ von 16 cm
c) $\frac{2}{3}$ von 12 cm

**Tipp** ① Zeichne einen Streifen.
② Teile ihn in gleich große Teile.
③ Male den Anteil bunt.
④ Addiere die bunten Teile.

**5** Wie viel sind $\frac{3}{4}$ von 500 g?
Erkläre die Rechnung.

500 g $\xrightarrow{:4}$ 125 g $\xrightarrow{\cdot 3}$ 375 g

**6** Berechne die Gewichte.
a) $\frac{2}{3}$ von 9 kg        9 kg $\xrightarrow{:3}$ ■ kg $\xrightarrow{\cdot 2}$ ■ kg
b) $\frac{3}{8}$ von 80 g        80 g $\xrightarrow{:■}$ ■ g $\xrightarrow{\cdot ■}$ ■ g
c) $\frac{5}{6}$ von 30 kg
d) $\frac{3}{4}$ von 24 t

**Tipp**
zu c) 30 kg $\xrightarrow{:■}$ ■ kg $\xrightarrow{\cdot ■}$ ■ kg
zu d) 24 t $\xrightarrow{:■}$ ■ t $\xrightarrow{\cdot ■}$ ■ t

BRÜCHE   ANTEILE VON GRÖSSEN

**Methode** Schreibweise von Größen mit Brüchen
Wie viel sind $\frac{3}{4}$ km?
$\frac{3}{4}$ km heißt $\frac{3}{4}$ von 1 km.
Manchmal muss man die Größe zuerst in eine kleinere Einheit umrechnen.

Rechne zuerst um.    1 km = 1000 m

| 1000 m | | | |
|---|---|---|---|
| 250 m | 250 m | 250 m | 250 m |

1000 m —:4→ 250 m —·3→ 750 m

**7** Berechne die Größen.
Rechne zuerst in eine kleinere Einheit um.
a) Wie viel sind $\frac{4}{5}$ cm?

| ■ mm | ■ mm | ■ mm | ■ mm | ■ mm |
|---|---|---|---|---|

b) Wie viel sind $\frac{3}{4}$ €?

| ■ ct | ■ ct | ■ ct | ■ ct |
|---|---|---|---|

c) Wie viel sind $\frac{5}{8}$ kg?

| ■ g | ■ g | ■ g | ■ g | ■ g | ■ g | ■ g | ■ g |
|---|---|---|---|---|---|---|---|

**Tipp**
zu a) 1 dm = 10 cm
zu b) 1 kg = 1000 g

**8** Berechne die Größen.
Rechne zuerst in eine kleinere Einheit um.
a) $\frac{2}{5}$ von 1 dm

| ■ cm | ■ cm | ■ cm | ■ cm | ■ cm |
|---|---|---|---|---|

b) $\frac{1}{4}$ von 1 kg

| ■ g | ■ g | ■ g | ■ g | ■ g |
|---|---|---|---|---|

**9** Berechne die Größen.
**Tipp** Auch hier musst du erst in eine kleinere Einheit umrechnen.
a) $\frac{2}{5}$ von 3 km

| ■ m | ■ m | ■ m | ■ m | ■ m |
|---|---|---|---|---|

b) $\frac{3}{4}$ von 2 t

| ■ kg | ■ kg | ■ kg | ■ kg |
|---|---|---|---|

**Tipp**
zu a) 1 km = 1000 m
zu b) 1 t = 1000 kg

**10** Was ist mehr?
Berechne.
a) $\frac{1}{5}$ von 10 m   oder   $\frac{1}{2}$ von 10 m
b) $\frac{2}{3}$ von 12 g   oder   $\frac{3}{4}$ von 12 g
c) $\frac{5}{6}$ von 30 s   oder   $\frac{4}{5}$ von 30 s
d) $\frac{3}{8}$ von 24 cm  oder   $\frac{4}{6}$ von 24 cm

**Tipp** zu a) Was ist mehr?
$\frac{1}{5}$ von 10 m
$\frac{1}{2}$ von 10 m

**11** Wie groß sind die Tiere in cm?
**Tipp** 1 m = 100 cm

**Tipp** ■ —:■→ ■ —·■→ ■

$\frac{1}{4}$ m    $\frac{1}{10}$ m    $\frac{2}{5}$ m    $\frac{9}{20}$ m

# Daten

**In diesem Kapitel lernst du, …**

→ Informationen in Listen und Tabellen zu lesen,
→ Informationen in Schaubildern zu lesen,
→ Schaubilder zu zeichnen,
→ Informationen zu vergleichen.

In Venezuela gibt es eine Eisdiele, die 869 Eissorten hat. Welche Eissorte wird da wohl am meisten verkauft? Ob auch dein Lieblingseis dabei ist? Was ist das beliebteste Eis in deiner Klasse?

DATEN    DATEN IN LISTEN

**ANWENDEN**

*Hinweis*
Häufigkeit ist ein anderes Wort für Anzahl.

**1** Ergebnis einer Umfrage in der Klasse 5 c:

| Lieblingsessen | Strichliste | Häufigkeit |
|---|---|---|
| Pizza | ℋℋ IIII | |
| Nudeln | IIII | |
| Pfannkuchen | ℋℋ I | |
| Salat | II | |

**Tipp** ℋℋ IIII
5 + 4 = ■
Das sind immer 5.

a) Übertrage die Tabelle und ergänze die Häufigkeiten.
b) Wie viele Kinder wurden befragt?

**2** 👥 Martin hat die Ergebnisse einer Umfrage in einer Tabelle zusammengefasst.
Dabei hat er Fehler gemacht.
Beschreibt die Fehler.

| Meine Traumferien | Häufigkeit | Strichliste |
|---|---|---|
| Wanderurlaub | III | 4 |
| Strandurlaub | IIIIIIIIIIIIIII | 15 |
| Skiurlaub | ℋℋ I | 6 |
| Kreuzfahrt | ℋ II | 7 |
| | Summe: | 29 |

**3** Welchen Sport machst du?
Antworten der 5 a:

> Fußball, Fußball, Fußball, Fußball, Fußball, Fußball, Handball, Handball, Schwimmen, Schwimmen, Tischtennis

Übertrage die Tabelle und ergänze sie.

| Sportverein | Strichliste | Häufigkeit |
|---|---|---|
| Fußball | | |
| Handball | | |
| Schwimmen | | |
| Tischtennis | | |
| Summe: | | |

**Tipp** Wie oft kam jeweils die Antwort? So kann man besser zählen:

| Fußball, Fußball, Fußball, Fußball, Fußball, Fußball | ? |
|---|---|
| Handball, Handball | ? |
| Schwimmen, Schwimmen | ? |
| Tischtennis | ? |

**4** Wie viele Bücher, Hefte und Stifte hast du dabei?
Trage die Ergebnisse in eine Tabelle ein.

**Tipp** Überschriften...
in den Spalten: Strichliste, Häufigkeit
in den Zeilen: Bücher, Hefte

**5** Würfel 20-mal mit einem Würfel.
Trage die Ergebnisse in die Tabelle ein.

| Ergebnis | Strichliste | Häufigkeit |
|---|---|---|
| ⚀ | | |

**Tipp** Diese Würfel-Ergebnisse sind kleiner als 3: ⚀ und ⚁.

a) Wie oft war das Ergebnis kleiner als 3?
b) Wie oft war das Ergebnis größer als 4?
c) 👥👥 Stellt euch eigene Fragen und beantwortet sie.

**DATEN  DIAGRAMME LESEN**

ANWENDEN

**1** Farben der T-Shirts:

Beschreibe das Diagramm.

**Tipp** Hilfsfragen zu a):
– Welche Art von Diagramm ist das?
– Wie heißt die Überschrift?
– Um was geht es in dem Diagramm?

**2** Lieblingsgetränke der Klasse 5 b:

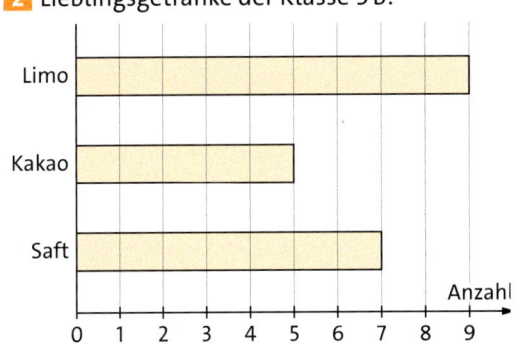

a) Wie viele Schüler trinken am liebsten Saft?
b) Wie häufig wurden die Getränke genannt?

| Lieblingsgetränke | Anzahl |
|---|---|
| Limo | |
| Kakao | |
| Saft | |

c) Wie viele Schüler sind in der Klasse?

**3** Abstimmung zum Klassenausflug:

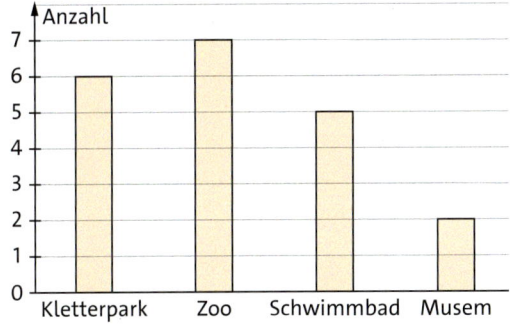

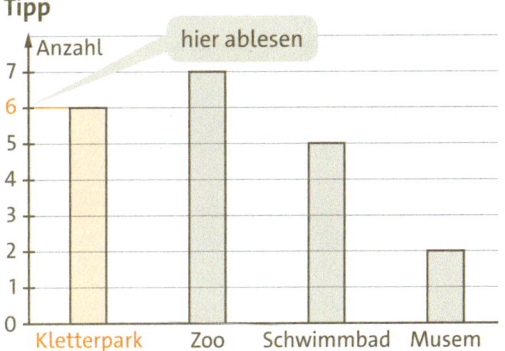

a) Übertrage und ergänze die Tabelle.

| Klassenausflug | Anzahl |
|---|---|
| Kletterpark | |

b) Begründe deine Antwort.
① Wohin fährt die Klasse?
② Wo möchte die Klasse nicht hinfahren?

**4** Lieblingsfilme:

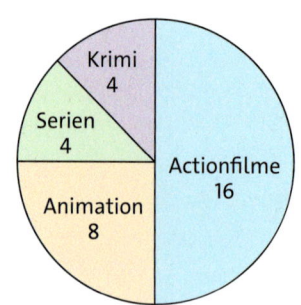

**Tipp**
a) … die meisten Kinder …
  → die meisten Antworten
b) … beliebter …
  → mehr Antworten als …

Wahr oder falsch?
Begründe.
a) Die meisten Kinder mögen Action-Filme.
b) Krimis sind beliebter als Animation.
c) Animationsfilme sind beliebter als Serien und Krimis zusammen.

**5** Welche Schuhgröße hast du?

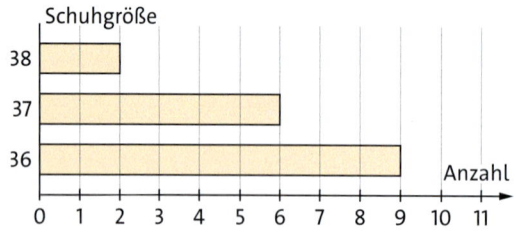

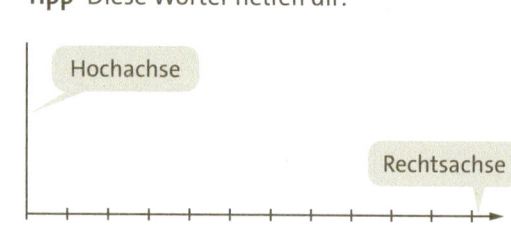

**Tipp** Diese Wörter helfen dir: Hochachse, Rechtsachse

Lucy sagt:
„36 Schüler haben die Schuhgröße 9."
Was hat Lucy falsch gemacht?

**6** So kommen die Schüler zur Schule:

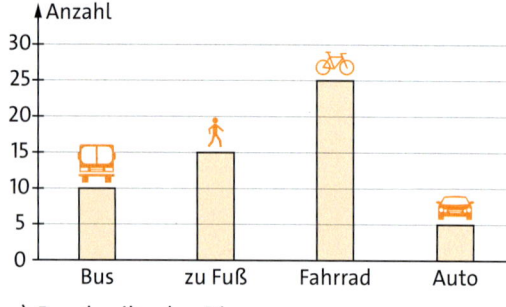

**Tipp**

| | Anzahl |
|---|---|
| Bus | |
| zu Fuß | |
| Fahrrad | |
| Auto | |

Achte auf die Einteilung an der Hochachse.

a) Beschreibe das Diagramm.
b) Zeichne eine Tabelle und trage die Ergebnisse ein.
c) Wie viele Schüler wurden befragt?

**7** Beschreibt die Fehler in den Säulendiagrammen.

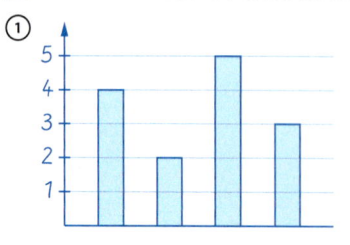

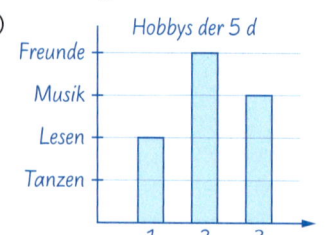

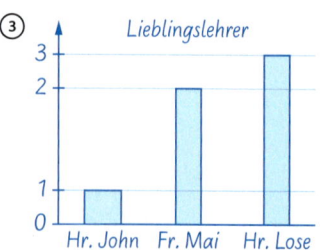

DATEN   DIAGRAMME ZEICHNEN

**ANWENDEN**

**1** Zeichne als Säulendiagramm.

**Tipp**

**2** Was fehlt im Säulendiagramm? Übertrage und ergänze im Heft.

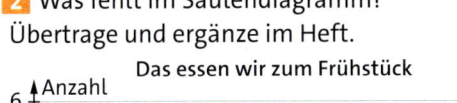

**Tipp** Wie hoch muss die Säule für Brötchen werden?
Wie hoch muss die Säule für Toast werden?

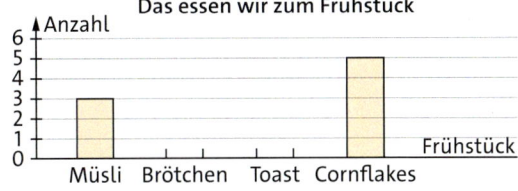

| Müsli | Brötchen | Cornflakes | Toast |
|---|---|---|---|
| 3 | 6 | 7 | 5 |

**3** Lieblingsfußballvereine:

| Vereine | Schalke 04 | Real Madrid | Hamburger SV | Bayern München | Borussia Dortmund | Manchester United |
|---|---|---|---|---|---|---|
| Anzahl | 11 | 3 | 4 | 9 | 12 | 6 |

a) Zeichne dazu ein Säulendiagramm und ein Balkendiagramm.
b) Vergleicht die beiden Diagramme. Was müsst ihr beim Zeichnen anders machen?

**4** Anmeldungen bei den Schul-AGs:

| AGs | Chor | Hockey | Kunst | Garten |
|---|---|---|---|---|
| Anzahl | ⅢⅠ Ⅰ | ⅢⅠ ⅠⅠ | ⅢⅠ ⅢⅠ Ⅰ | ⅠⅠⅠⅠ |

a) Wie viele Anmeldungen gab es jeweils bei den AGs?
b) Zeichne dazu ein Säulendiagramm.
c) Zeichne dazu ein Balkendiagramm.

**Tipp**

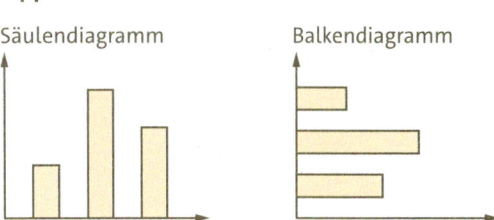

Säulendiagramm    Balkendiagramm

**5** Eine Tüte Luftballons enthält 2 blaue, 3 rote und 5 grüne Luftballons.
a) Trage die Häufigkeiten in eine Tabelle ein.
b) Zeichne dazu ein Diagramm deiner Wahl.

**Tipp**

|  | Anzahl |
|---|---|
| blau |  |
| rot |  |

**6** Diese Fremdsprachen sprechen die Schüler an der Hermann-Hesse-Schule:

| Sprache | türkisch | französisch | polnisch | russisch | arabisch |
|---|---|---|---|---|---|
| Anzahl | 120 | 10 | 40 | 20 | 50 |

Zeichnet ein Diagramm dazu. Was müsst ihr dabei beachten?

# DATEN

## Methode Diagramme mit dem Computer zeichnen

Diagramme können auch mit dem Computer gezeichnet werden.
Dafür gibt es verschiedene Programme zur **Tabellenkalkulation**.
Wie eine Tabellenkalkulation funktioniert, kannst du hier ausprobieren.

**ANWENDEN**

**1 Daten in einer Tabellenkalkulation**
Übertrage die Daten in eine Tabellenkalkulation.

|   | A | B |
|---|---|---|
| 1 | Schüler | Geld in € |
| 2 | Hans | 5 |
| 3 | Max | 8 |
| 4 | Luisa | 3 |
| 5 | Maike | 7 |

**2 Ein Säulendiagramm einfügen**
Markiere alle Daten in deiner Tabelle.
a) Erstelle ein Säulendiagramm.
b) Wie sieht das Säulendiagramm aus, wenn man nur einen Teil der Daten markiert?
   z. B. ohne die Überschrift in der 1. Zeile?
   oder nur die Zahlen?

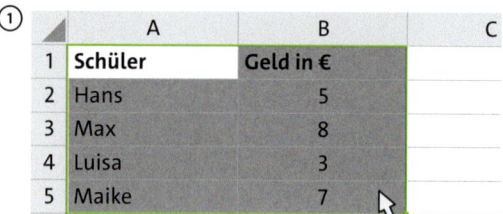

**3 Daten verändern**
Verändere deine Tabelle,
z. B. andere Zahlen, andere Überschriften,
   Zahlen mit Einheiten, …
Beschreibe die Veränderung beim Diagramm.

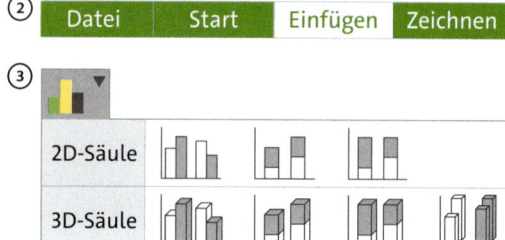

**4 Beschriftung**
a) Wie kann man eine Überschrift einfügen oder verändern?
b) Wie kann man die Achsenbeschriftungen einfügen oder verändern?

**5 Diagramme bearbeiten**
Es gibt viele Möglichkeiten, das Diagramm zu bearbeiten,
z. B. die Farben der Säulen ändern,
   Hilfslinien einfügen,
   die Säulen beschriften.
Probiere es aus.
Vergleicht eure Ergebnisse.
Erklärt euch, wie ihr das gemacht habt.

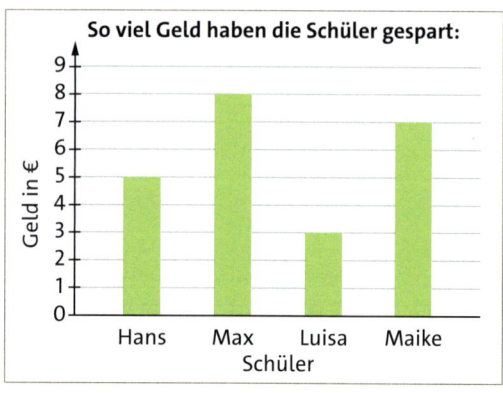

**6** Erstelle verschiedene Diagramme.
Vergleicht die Diagramme miteinander.

ANWENDEN

**1** Ergebnisse beim Bogenschießen:

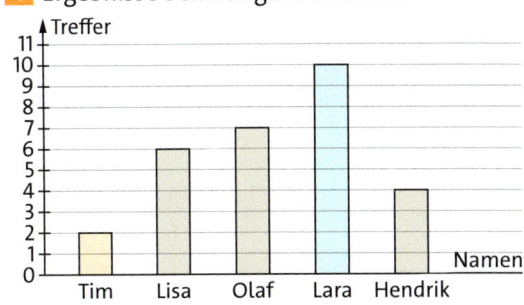

**Tipp**
Das **Minimum** ist die ▬ Säule.
Das **Maximum** ist die ▬ Säule.
Die **Spannweite** ist der ▬ zwischen ▬ und ▬.

a) Lies Minimum und Maximum ab.
b) Berechne die Spannweite.

**2** Anzahl der Versuche:
4; 5; 7; 8; 10; 11; 13; 17
a) Lies Minimum und Maximum ab.
b) Berechne die Spannweite.

**Tipp** Die Datenreihe ist schon geordnet.

**Zum Weiterarbeiten**
Schreibe eigene Sätze mit Minimum, Maximum und Spannweite.

**3** Minimum oder Maximum?
Begründe deine Antwort.
a) Alex hat am **meisten** Stifte dabei.
b) Max ist der **Älteste** in der Klasse.
c) Mirja hat die **kleinsten** Füße.
d) Tobi ist am **weitesten** gesprungen.
e) Sina hat die **geringste** Zeit gebraucht.

**Tipp** Denke dir dazu mehrere Zahlen aus. Ist es die größte oder die kleinste Zahl?
Alex hat am **meisten** Stifte dabei: 24 Stifte. Orlando hat nur 11 Stifte und Olivia nur 7.

**4** Gib Maximum, Minimum, Spannweite an.

| Name | Taschengeld |
|---|---|
| Erdal | 9 € |
| Anton | 5 € |
| Martin | 11 € |
| Maria | 15 € |

**Tipp** Ordne erst die Datenreihe: von klein nach groß.

**5** Schreibe eigene Datenreihen zu den Kennwerten ins Heft.
👥 Vergleicht eure Datenreihen. Was fällt euch auf?
a) Minimum: 7; Maximum: 25
b) Minimum: 45; Maximum 117
c) Maximum: 26; Spannweite: 12
d) Minimum: 26; Spannweite: 12

**6** Schreibe einen Wetterbericht mit Minimum, Maximum und Spannweite.
a) In Berlin wird es 2 Grad wärmer. Ändern sich dadurch Minimum, Maximum und Spannweite? Begründe.
b) In welchen Städten muss sich die Temperatur ändern, sodass die Spannweite um 1 Grad abnimmt?

## Bildverzeichnis

**Titelbild:** mauritius images/alamy stock photo/Andy Nowack

**technische Zeichnungen:** Cornelsen/Christian Böhning;

**Illustrationen:** Cornelsen/Raimo Bergt;

**Fotos:**
3/o./mauritius images/alamy stock photo/Oleh Honcharenko
3/mi./stock.adobe.com/Stillfx
3/u./stock.adobe.com/mojolo
4/o./Shutterstock.com/STILLFX
4/mi./Shutterstock.com/Dora Zett
4/u./stock.adobe.com/virtua73
5/o./stock.adobe.com/Andrzej Tokarski
5/mi./stock.adobe.com/eyetronic
8/mauritius images/alamy stock photo/Oleh Honcharenko
16/mauritius images/Mint Images
18/3/Imago Stock & People GmbH/imagebroker
18/4/Imago Stock & People GmbH/Frank Sorge
18/2/Imago Stock & People GmbH/blickwinkel
28/stock.adobe.com/Stillfx
52/stock.adobe.com/mojolo
78/Shutterstock.com/STILLFX
93/Shutterstock.com/Steve Collender
94/l./Shutterstock.com/Vicki Vale
94/r./ClipDealer GmbH/pfluegler fotografie weddingstedt/Sarah Pfluegler
104/Shutterstock.com/Dora Zett
107/l./stock.adobe.com/monstersparrow
107/2. v. l./stock.adobe.com/M.studio
107/mi./stock.adobe.com/mbongo
107/2. v. r./Shutterstock.com/Maks Narodenko
107/r./Imago Stock & People GmbH/STPP
111/Skateboard/ClipDealer GmbH/c-ts
111/Auto/stock.adobe.com/TeamDaf
111/Inline Skates/Panther Media GmbH/Z Jan
111/Dreirad/Shutterstock.com/Boris Medvedev
111/Flugzeug/Shutterstock.com/aapsky
111/Fahrrad/Panther Media GmbH/Andriy Popov
113/Imago Sportfotodienst GmbH/Ulmer
115/Spatz/Shutterstock.com/Gallinago_media
115/Hummel/ClipDealer GmbH/Andrey Armyagov
115/Katze/Shutterstock.com/Kucher Serhii
115/Elefant/Shutterstock.com/Naoto Shinkai
115/Zebra/Shutterstock.com/Svietlieisha Olena
116/ClipDealer GmbH/c-ts
120/mauritius images/Martin Lee/Alamy
121/Mi. Mi./Shutterstock.com/Cosmin Manci
121/o. r./stock.adobe.com/Umard
121/o. l./Shutterstock.com/irin-k
121/o. Mi./Shutterstock.com/anek.soowannaphoom
132/stock.adobe.com/virtua73
162/stock.adobe.com/Andrzej Tokarski
171/Meerschweinchen/stock.adobe.com/DoraZett
171/Hamster/Shutterstock.com/Happy monkey
171/Hase/stock.adobe.com/Eric Isselée
171/Katze/mauritius images/Buiten-Beeld
180/stock.adobe.com/eyetronic